さだまさしから届いた見えない贈り物

心に残る気遣い、言葉、そして小さな幸せ

さだまさし50周年記念祭 総代
日本ほめる達人協会 顧問
松本秀男

青春出版社

はじめに

私たちの幸せは、たいてい「見えないもの」です。

そもそも「幸せ」という気持ち自体が見えないもの。「嬉《うれ》しい」も「楽しい」も「ありがたい」も、すべては見えないものです。

例えば美しい大きな花束をもらって「嬉しい」のは、眼《め》に見える花束の美しさでもありますが、本当の嬉しさは、その花束を贈ってくれた相手の気持ち。花束は相手の「見えない」気持ちをカタチに表してくれたもの。やはり大切なのは「見えないもの」ですね。

人生とはそんな「見えない」幸せを、どれだけたくさん見つけられるか？　そんな旅路なのだろうと思います。

私は一般社団法人 日本ほめる達人協会（通称、ほめ達）の顧問として、そんな「見えないもの」を見つけるお手伝いをしてきました。

ほめるとは、お世辞やおだてではなく、「見えないもの」の価値を見つけること。

そしてそれを、相手にも自分にも伝えることです。

「あなたらしいね」

「あなたがいてくれてよかった」

「がんばってるね」

相手のそんな「見えない価値」や素晴らしさを、言葉に変えて伝えること。

ほめる達人とは、言わば、価値発見の達人。「見えない価値」を発見できる達人です。

だから、言われた相手が嬉しくなるだけではなく、「見えない価値」を発見できるのですから、自分も嬉しく、幸せになれます。私はそんなことをお伝えしてきました。

私にそんな「見えないもの」を見つけて、誰かに届ける素晴らしさを教えてくれたのが、さだまさしさんです。

さだまさんは、まさに「見えないもの」を発見する達人。そしてそれを、たくさんの人に届ける達人です。

今年でデビュー五〇周年を迎えるさださんと私は、実はもう四五年のお付き合い。

私が高校一年生の時に出会い、二十代の頃はさださんのマネージャーの一人として、家族よりも長く時間を過ごさせてもらいました。

知らず知らずに、さださんに教わった「見えないもの」の見つけ方。そして、その伝え方。さらにさださんからもらったたくさんの「見えない贈り物」。それが私の講演活動や研修や著作を支えてくれました。

さださんの歌やトーク、そして小説やさまざまな活動が本当に素晴らしいものであることは、周知の通りです。

ですが、ひょっとしたら、オフィシャルな活動では見せることがない、もしくはさだささん自身も気づいていない、普段のさださんの素晴らしさや、さださんならではの言葉や口癖を、私がもっているかもしれない。

元祖・ほめる達人とも言えるさださんからもらった「見えない贈り物」を、さだまさし五〇周年の記念に、お裾分けできたらと。

目次

Ⅱ 見えない贈り物

不思議なご縁

見えない贈り物 Ⅲ

自分の在り方

Ⅳ 見えない贈り物

かけがえのない小さな幸せ

帯写真　雅麗
本文デザイン　岡崎理恵

見えない贈り物 I

人を大切にする心

小さなことでもほめる

私は、一般社団法人 日本ほめる達人協会の顧問として、全国でほめることをお伝えしてきました。ほめる達人、通称ほめ達です。

ＮＴＴグループやＪＲ東日本グループなどの大手の企業をはじめ、全国の企業や団体、行政機関や学校などで、ほめ達研修や講演をしています。「ほめる」というと、お世辞や甘やかしをイメージすることもありますが、ほめ達の言うほめるは一切そうしたことはしません。ほめ達は「ほめる」を、

「価値を発見して伝えること」

と定義しています。人だけでなく、「人・モノ・出来事」すべての価値を発見して伝える達人がほめ達です。つまりは**「価値発見の達人」**。

「価値発見の達人」になると自分が幸せになってしまいます。なぜなら、自分の周り

が価値あることだらけに見えてくるから。

今まで当たり前だと思っていた周りの人やモノや出来事、毎日の仕事や自分の役割にも、価値、つまりは、素晴らしさを見つけられます。当然、感謝すべきこともたくさん見つかります。それだけでも幸せですが、さらに自分の心に余裕ができる。その心の余裕が、周りとの人間関係に確実にいい影響を与えます。

ほめ達研修を受けた企業では、たくさんの成果が上がっています。二〇一七年から六年連続で定時運航率がナンバーワンになった航空会社のスカイマークさんもその一つ。ほめ達研修で社内の風通しがよくなったことが大きな理由だと、当時の市江正彦社長が、オンライン雑誌の取材で答えてくださっていました。ほかにも、職場に安心安全な空気が生まれて、売上が倍になった企業や、離職率が大幅に下がった企業など、嬉しいご報告をいただいています。

私がこのほめ達をお伝えする上で、いつも懐に隠し持っているのが、さだまさしさんの言葉や生き方です。さださんは元祖ほめ達、もしくはネイティブほめ達だと思っています。

そりゃそうです。さださんは曲作りにおいても、人と向き合い、音楽と向き合い、世の中と向き合い、命と向き合い、その素晴らしさ、その愛すべきことを見つけ、私たちに伝えてくれているのですから。

さらに、さださんは普段からほめ達。周りのスタッフをいつもほめてくれています。私が制作マネージャー時代のある時のこと。その時もものすごいハードスケジュールで、コンサートツアーの合間をぬって、深夜までレコーディングをしておりました。朝の三時くらいに都内のホテルの部屋までさださんを送り、翌朝はまた七時起きで地方へ移動しなくてはなりません。

朝、さださんの部屋に荷物を取りに行きます。「おはようございまーす」と部屋に入ると、さださんは身支度を整えているところ。そして私への第一声が、

「松本、お前、よく起きられるねえ、毎日夜中までレコーディングに付き合ってさあ」などとほめてくれます。いやいや、大変なのはさださんですから。私は歌いもしないし、しゃべりもしない。

ただ、一番疲れているはずのさださんがそんなふうに周りをほめてくれたり、ご機

嫌でいてくれたりすると、周りもピリピリしなくてすみます。何よりみんな笑顔になるので、またその日一日の仕事がいいものになります。

ほめるということは、相手を大切にすること。大切にされると頑張れますよね。この人のためにも頑張ろうと、自然に思えてしまいます。

そして、ほめると自分の心に余裕ができる、もっと言えば元気が生まれる。そこもさださんはきっとおわかりで実践されているのだと思います。

ある日、さださんがどう考えてもクタクタなはずという朝。おそらく夜中まで原稿書きをしていて、ほとんど眠っていないだろうという時のこと。

私が迎えに行った車の助手席に深くすわったと思えば、窓から空を見上げて、

「空が青いねえ！　日本晴れってのは、こういう空を言うんだなあ」

などと、空までほめています。

元気という心の焚《た》き火が消えそうならば、風を送ってもう一度炎をあげること、それが「空が青いねえ！」というほめ言葉だったのだろうと思います。

疲れていると、空を見上げることさえも忘れていることもあります。

自分を元気にしてくれる、小さな小さな素晴らしいことが、意外にも自分の身近に隠れています。この本から目を離して、まずはちょっと、自分の周りを見回してみませんか？

もらって嬉しい「言葉のプレゼント」

ふいに誰かからプレゼントをもらうと、嬉しいものです。言葉のプレゼントも同じ。目には見えないけれど、しっかりと心に届きます。

私がおすすめしているのは「二〇文字のプレゼント」。

普段の会話やメールやＬＩＮＥで、多くても二〇文字でいいので、言葉をプレゼントしてみましょう、というもの。

さださんはまさにこれを地でいく人でした。無意識にそれをされていたのだと思います。

ちょっとした短い言葉のプレゼントを、いつも惜しげもなく周りの人たち配ってくれます。

「それ、すっごい面白いと思う」

「最高だね！　完璧だわ！」

「よくここまで仕上げたねえ、やるもんだなあ」

「美味《うま》い！　絶品！」

私はほめ達講演で、よく「無意識の意識化」をしましょうともお伝えしています。

普段、自分が無意識にしていることを、ちょっと意識してやってみる。感情や行動をちょっと「盛ってみる」感じです。もしくは素敵な人が無意識にしている素敵なことを、自分は意識してやってみる。

まさに私が**「二〇文字のプレゼント」と言って意識してやっていることは、さださんが無意識にやっていたことなのです。**

ほんの二〇文字や五文字や一秒、そんな言葉をもらえるだけで、私たちは元気になれます。逆に言うと、そんな二〇文字や五文字や一秒を出し惜しみする人の周りでは、私たちの心の温度はじわじわと下がってしまうのではないでしょうか。

昔、四谷二丁目交差点を入ったところにあった文化放送のレギュラー番組の収録前に、よく表通りのそば屋さんから出前をとりました。さださんは決まって「たぬきうどんと半ライス」でした。絶対にそれしか頼まないので、出前をとる際に私は「いつものたぬきうどんと半ライスでいいですか？」とたずねると、

「いいねえ。ありがとう。わかってるねえ、君は！」

などと言ってくれます。もう五〇回くらい頼んでいるのに。そんな当たり前なことにまで感謝してくれる。

「うん」や「いいよ」で終わらせずに、「わかってるねえ、君は！」と言葉のプレゼントをくれる。またまたこちらも張り切ってしまうわけでございます。

口癖は「やりなさい」ではなく「やってみようぜ」

最近、飛び抜けて成果を出しているチームの上司が、部下にゴールを示す時に、使う言葉が大きく違っています。それは、

「やりなさい」でなく「やってみよう！」

つまりは上からの立場ではなく、横並びで声をかけているのです。

「やってみよう！」には、上司も一緒に汗をかく覚悟を感じます。部下のゴールでなく、上司を含めた組織やチームのゴールに聞こえます。上司もメンバーの一人と思えます。難易度の高いゴールを認めた上で、励まし合って立ち向かおうという覚悟や勇気を感じます。すると上司と部下に一体感が生まれて、大変な仕事であってもゲーム感覚で面白がりながら挑戦でき、時には予想を遥《はる》かに上回る成果が生まれます。新しい時代のチームビルディングですね。

そういえば、さださんもよく「やってみようぜ」と言っていたなと思い出します。なんだか嬉しそうな顔で楽屋に入ってきて、

「あのさ、こんなこと思いついたんだけど、やってみない？」

びっくりするようなイベントの企画を持ち出してきたりしました。「やりなさい」でなく「やってみよう！」。その瞬間からさださんとスタッフはチームになります。

逆に私たちが提案したことに対しても、さださんは「やってみようぜ」と言ってくれました。

ラジオ番組やコンサートパンフレットの企画など、私はまずは社内で調整してからさださんに提案します。気さくなさださんですが事務所の社長。私の企画に乗ってもらえるか、毎度不安に思いながら提案します。すると、さださんは、「いいねえ。面白いんじゃないの？　やってみようぜ」と言ってくれました。

たとえ、私たちにすべて任せる仕事でも「やってみようぜ」。

この言葉には「俺たちはチームとして動いているんだ」という横並びの意味を感じます。そして成果を出すために「一緒に取り組もう」と聞こえます。さらには本気で

その企画を面白がっているようにも。そして同時に「何かあったら責任をとるぞ！」という、なんとも頼もしい見守りの言葉にも聞こえます。

強いチームというのは、同じゴールを目指して、ベクトルを合わせて進めるチームです。そしてゴールまでの道のりは、「よし、ここまでできた！」と、すべてほめちぎりあうこともできる。元気で面白いチームなのです。

バンビちゃんの首枕

ほめる達人だって、カチンとくることもあります。

相手に「何やってるんだ！」と言いたくなるシチュエーションだってあります。そんなシチュエーションでおすすめしているのが「そうくるか！」。

「何やってるんだ！」という時には、「そうくるか!?」「そうきたか!?」でいったん受け止める。

なるべく脱力する感じで言うほど効果が上がります。これを言うと、いったんこちらの怒りのガス抜きができます。「まさか、そっち～?」とうなだれる。では、この相手にどのように伝えたらいいだろう？　と、少し冷静に、客観的になれる。

同時に部下としては、自分のしたことに気づきます。「やっちまった」と気づきつつ、それでも上司は自分の存在は認めてくれているな、という安心感も生まれます。

私は若い頃、さださんにもずいぶんとこれ系のセリフを言わせておりました。

寝坊もありました。ある時、私が早朝さださんを迎えに行き、車で羽田へ向かう予定がありました。ところが、その朝、私は、さださんからの電話で目を覚まします。やば！

「**おいおい、そうきたか**。寝ていやがったな」

私が支度をして迎えに行っても間に合わないので、さださんが車で私のアパートに迎えに来てくれます。木造アパートにベンツ横付け。「乗れ！」と助手席に乗って羽田へ。アーティストに運転させて走る晴れた海沿いの首都高速……その景色のなんて美しく、つらかったこと。

「お前らも、休みもなくやってくれているからな」

さださんは言わば上司。というか、当時の事務所の社長でもあります。失敗してもそんな言葉をかけてくれて、フォローまでしてくれる。自分が部下を持ったらこんなふうにできるのだろうか？　と当時ふと思ったこともあります。

秋田県民会館でのコンサートの時のこと。

その頃も本当に過密スケジュールで、さださんはかなり疲れていました。秋田の翌日は山形県県民会館でのコンサートです。隣の県とはいえ、移動に三時間以上かかります。本当は翌朝列車で移動だったのですが、終演後にタクシーで山形へ移動しておいて、さださんには山形のホテルでゆっくり寝てもらおうとなりました。

ただ、当時のタクシー事情は今とは違いシートなどが快適とは言えません。三時間以上の移動はつらい。楽屋でさださんが、「首枕とか、手に入らないかなあ」と呟《つぶや》きます。

当時のマネージャーは若手三人体制。チーフの廣田先輩と、制作担当の私と、付き人的な田村くんの「さだ企画三バカ」と呼ばれていた時代です。その秋田には廣田先輩と私が付いておりました。

「わっかりました〜!」と、廣田先輩と私が楽屋を飛び出しますが、さあ大変。当時は海外旅行などでしか使われなかった空気で膨らます首枕（ネックピロー）。東京でもなかなか手に入りません。それを地方都市の夕暮れ時に見つけることができるのか？

現地のプロモーターの方も「見たことないですねえ」と予想通りの答え。廣田先輩と手分けして、閉店前の百貨店などに飛び込んで聞いてみても見つからず。

それでもあきらめないのが芸能マネージャーですが、マネージャーだけども、やはり三バカと呼ばれた本領を発揮してしまいます。

秋田県民会館は城跡にあります。ちょうど桜祭りの頃、夜店がたくさん出ています。そしてある夜店にふたりの目が釘付けになりました。そして、お互いに目を合わせます。

「ないのなら、似たようなもので……」

コンサートが終わります。客席の大きな拍手の渦に押し出されるように、さださんが楽屋に戻ってきました。すべてのエネルギーを放電しつくして、ぬけがらのようになったさださんに、私たちは紙袋を手渡します。

「おお？　あったのか？　やるな、おまえら！」

ところが袋を開けた途端に、さださんはその場にくずおれます。

「これか……。そうくるか……。やっぱり、おまえらに任せたのが間違いだったか……」

袋から出されたのは、ビニール製、空気で膨らます、子鹿の人形でした。つまりは、バンビちゃんです。

「これでどうやって寝るんだよ！」

かなり呆《あき》れている模様。そりゃ当然です。廣田先輩が真顔で答えます。

「このですね、足のところを持ってもらって、胴のところが、枕になります」

私としても、これしかない、という解決策がバンビちゃんだったので続けます。

「で、足の組み合わせでいろいろ使えるんじゃないかと。前足の間に頭か、前足と後ろ足の間に頭か……」

言いながら、バンビちゃんと三時間以上過ごすさださんが気の毒になってきました。

こりゃ本気で怒られても仕方なしと腹をくくった瞬間、さださんから返ってきた言葉は、

「まあ、試してみようか？　案外とよかったりしてね。しかし、バカだね、おまえら」

またもや、彼の器の巨大さを感じました。アホな部下も「そうくるか」といったん受け止める。そして部下の提案には乗ってみる。たとえコンサートでくたくたになっていたとしても。

この話にはオチがありまして。実はこのバンビちゃん、お腹《なか》を押すと「きゅー」と鳴く仕組みでした。「寝れるか!!」と言いながら、けっこう寝ていらっしゃった。お疲れなのと、細かいことを気にしない才能なのか。いやあ、本当にすみません。

いい意味で「ずるい人」

ほめることは素晴らしいことだらけですが、一つだけ「使用上の注意」があります。それは、「ほめるを、相手のコントロールに使わない」。

つまり、ほめて仕事させようとか、ほめて子どもに勉強させようとか、相手をコントロールするためにほめるのは逆効果。下心がバレますしね。相手のコントロールのためにほめることはやめておきましょう。

一方で世の中には「健全な下心」というのもあります。相手を元気にしたい！　感動してもらいたい！　というような下心。

さださんの曲作りやレコーディングに立ち会っていて、よく出てきた言葉がありました。その一つが**「ずるい」**。

「おおお、なんかこの間奏のアレンジ、ずるいねえ」

「ほんと、このエレキの泣き、最高にずるい！」
「だいたい、この歌詞の乗せ方がずるいんだよね」
「めっちゃずるいわ！」

普通、ずるいと言えば、あまりいい意味ではありません。ただ、この場合はほめ言葉で使っています。

受け取る側の心を揺らさずにはいられない、とても印象的な歌詞やメロディや演奏。相手の心が揺れるとわかっていてするから、ずるい。まあ、ようするに、**いい意味での下心を感じる**ということですね。

最近はあまり聞かなくなったので昭和な感じかもしれませんが、「ずるい人ね……」なんて、女性が上目遣いに言ってくれるような「ずるい」。

音楽もエンターテインメントですので、当然そんな下心や演出があって当然ですが、それを「ずるい」と言いつつ下心とわかりながらするのが、さださんやスタッフの健全さでもあり、音楽に対する真摯《しんし》さなのだと思います。

素敵な「ずるい人」たちを見習って、周りを元気にしていけたらいいですね。

オーラの正体は、ポジティブな言葉

「あの人にはオーラがある」

なんて言います。確かにオーラを感じる人はいます。ところが本当にオーラが目で見えるわけではありません（少なくとも私には見えません）じゃあ、オーラって何なのでしょう？　できたら自分もオーラを漂わせてみたいものですよね。

何年か前に久しぶりにさださんの楽屋を訪ねた時のこと。スタッフの方々と談笑していたさださんを見て、

『やっぱりオーラあるなあ』

と感じました。楽屋いっぱいにそのオーラがあふれているように思えます。それでも私には何も見えません。その時、私はスイッチが入り、

『よし、このオーラの正体を確かめてやろう』

と、遊び心でさださんを観察しておりました。けれど、いくら頑張ったところで、何か見えてくるものはありません。

ところがしばらく観察していると、私はあることに気づきました。

オーラこそ見えませんが、オーラの切れ端のようなものが、私の中にちょいちょい飛び込んできます。それは言葉でした。

「いいねえ！」

「それ、ぜったい面白いやつだわ」

「バカだねえ、松本！」

「ウケるね、それ」

いわゆるポジティブな言葉。ほめ達的にはほめ言葉の範疇《はんちゅう》の言葉です。ちょいちょいと出てくるこのポジティブな言葉が、明るいエネルギーとなって、さださんから発散されます。それが楽屋の空気を明るくしています。

だから、私たちは、その発散元のさださんにオーラを感じる。**オーラの正体は、ポジティブな言葉を言おうとする、さださんのポジティブなエネルギー、つまりは、前**

向きな心、そして、周りの人を大切にする心なんだと、その時、私はいったん結論付けました。

もちろん、前向きな心、周りを大切にする心があっても、それを言葉や行動にしなければ、オーラとして発散することはできません。まずは「いいねえ」と言葉にして出してみることが大切なんですね。

また、人はなんでもかんでもポジティブにいられるわけではありませんが、ネガティブな気持ちを乗り越えての、ポジティブな言葉にはさらにエネルギーがあります。

ネガティブな気持ちをそのまま出してしまうと、私たちの口から出てくる言葉は「でも・だって・どうせ」という「ネガティブ3D（スリーディー）」。それのネガティブな気持ちを切り替えられるのが「だからこそ・どのようにしたら？・できそう！」という「ポジティブ3D」。

言葉一つで、発散するオーラが変わりますよね。

『言葉なら、真似《まね》できるじゃん』

まずは言葉を変えていく。プラスの言葉を出していく。それだけで自分のオーラの色が変わっていきます。もちろん、有名人ほどに強烈なオーラになるのは大変でしょうけれど、自分なりのオーラの発散はありですね。

せっかくですから、いい色のオーラを、いい色の言葉を、発散する人でありたいと。

本当のポジティブは、ネガティブとともに

「ポジティブになろうよ！」

そんな言葉をよく使います。

心配ばかりして、ネガティブな気持ちになってしまい、一歩前に踏み出すこともできずに立ち止まり。結局、昨日と今日はさして変わらず、明日もきっとこのまま変わらない。私の人生、そんなもの……。そんなふうに思うよりは、明るく前向きにポジティブに、明日を信じて歩いて行こう！

確かにそのほうがいいように思います。が、本当になんでもかんでもポジティブで大丈夫なのか？

人間、どうしたって、ネガティブな、マイナスな感情をもつこともあります。不安や恐れだって間違いなくある。まして、いつ起こるかわからない災害や、日々の暮ら

しの中に隠れる危険やリスクにまで目をつぶり、

「ポジティブになろうよ！」

とだけ言われても、それで本当に大丈夫なのか、あやしいものです。

本当のポジティブな心とは、ネガティブな心も踏まえた先にあるのではないでしょうか？

心配ごともたくさんある。世の中は困難なこともたくさんある。思い通りにならないことだって日常茶飯事。それでもなお、前を向いて、今より少しでもよい自分の人生を歩いていけること、それが本当のポジティブなのですよね。

さださんはこんな言葉を使われることがあります。

「良い想像と、悪い想像、どちらも大切」

こうなったらいいな、こうだったら嬉しいな、という良い想像をたくさんしながら、ワクワクと過ごすことも大切。

けれど一方で、こうなるかもしれない、こうなったらまずいよ、という、悪い想像もしっかりしておかないと、思いもよらないところで、つまずいたり怪我《けが》したりするかもしれない。

「だから、良い想像と悪い想像を、両方の手にもっておくこと。どちらも大切」

生半可なポジティブではなく、覚悟をもったポジティブと言えるのではないでしょうか。もっと言えば、ネガティブな想像力は、ポジティブな想像力に変えることができる。ネガティブも力になるということ。

さださんがネガティブからポジティブに切り替える瞬間を、私は何度か目にしたことがあります。

「それはまいったなあ」

「けっこう厳しいなあ。さすがに困るね、それは」

と、仕事の上でのネガティブだらけの状況と、ネガティブだらけに進みそうなことの顚末《てんまつ》を、しっかりとみんなで共有していた時のこと。さださんは一番こと細かに、マイナス要因を炙《あぶ》り出しておいて、最後にこう言いました。

「ま、大したことねえよ」

みんな膝が折れます。

えっ？　今までこれだけネガティブを確認して、大したことないの？

「命を取られるわけでもなし」

究極のポジティブ。それはそう。この問題で誰かの命にかかわるわけではありません。そのひと言で場の空気が変わり、じゃあ、どうしたらいい？　何から手をつける？と、心配が実作業へと移っていきます。

「大したことない」は、一段上の視野から見ることです。自分の経験上、大したことではないという場合はもちろんですが、それが未経験のことであっても、この経験の先にいる未来の自分にとっては、今のこの出来事なんて大したことではない、と言うこともできる。

今の現実をしっかり見つめ、最悪の事態も考える悪い想像と、それを乗り越えて、ひとまわりもふたまわりも大きくなった未来の自分を考える良い想像。それができるのが、本当のポジティブなんだと教えてもらいました。

悪い想像が役に立つ

「良い想像と悪い想像を、両方の手にもっておくこと。どちらも大切」

そんなふうに言うさださん。

なるほど、本当にそれを実践されているのだなと思った出来事がありました。

以前、あまり運転に慣れていない若いスタッフに、さださんが自分の車の移動を頼んだ時のこと。

さださんの乗る車ですから、いわゆる高級車です。大きい車でピカピカですから、運転に慣れない彼は当然緊張します。そんな彼に、さださんは、

「大丈夫、大丈夫、もうね、あちこちぶつけて、四角い車を丸くしてきてもいいから！」

なんて冗談まじりに言います。冗談とは言いながら、これも悪い想像。若い彼がなにごともなく車を移動して、次第に運転に慣れてくれるようにと良い想像もしながら、

車を預けたのかもしれません。で、若い彼は、本当に駐車場の壁にこすってきてしまい、さださんに泣かんばかりに謝ります。

人は、アクションよりもリアクションに性格が出ると言います。

アクションとは、自分の意思で行動や発言をすることです。こうしようと自分で考えてする行動や発言すること。これも大切ですが、考える余裕があるので、実際の自分より良く振る舞うことができます。良い人に見られるようにとか、落ち着いて見られるようにとか、考えてできるのがアクション。

リアクションとは、何かが起こった時に咄嗟《とっさ》にしてしまう反応です。これは反射的にしてしまう行動や発言ですから、その人の本当の性格、言わば本性が現れます。

例えば、私が普段は「人や出来事の価値も見つけましょう！」とか言っていて、駅の人混みで誰かにぶつかられた時に「チッ！」とか言ってたとしたら、それが私の本性の表れのリアクションです。

さださんのリアクションはさすがでした。ぶつけたという報告を聞いた瞬間に、

「だーいじょうぶ、だーいじょうぶ、気にするな、気にするな！ どうってことない」

若い彼に向かって、本当に明るい声で言います。さすが、さださんだなと思っていましたが、若い彼としては、本当に申し訳なく思って謝り続けます。するとまた、

「それがいやだったらお前に任せない。車あるところにキズはある」

本気で悪い想像もできていて、それも踏まえて任せているから、そんなセリフが咄嗟に、しかも明るく言えてしまうのですね。

それでも若い彼は、やはり動転している模様。何度も何度も頭を下げます。

するとすかさずさださん、

「お前ずいぶん動転してるなあ。同点したら、あとは勝ち越すだけだ！」

ダジャレを言う余裕まである。

人はアクションよりもリアクション。

咄嗟の時に、どんなリアクションができるのか？

「良い想像と悪い想像を、両方の手にもって」咄嗟の時に備えつつ、本性も磨いてしまいましょうか。

「退屈しない毎日」に変わる魔法の二文字

「なんだか最近、毎日がつまらない」

そんなふうに思えることがあります。不幸とまでは言わないけれど、パッとしない、退屈な日々。

ふと、そう言えばさださんって、退屈しない人、停滞しない人だったと思い出します。日常を味わい尽くし、好奇心のアンテナを張って、どんどん新しいことにチャレンジしている。常に変化して成長している。さらには大借金を抱えて大逆風な時代にも、後退《あとずさ》りせずに、前に進んでいく。

そんなさださんには、ある口癖があったと思い出しました。漢字二文字だけの口癖です。

実はこの二文字の口癖で、人生を大きく変えてしまえるのかもしれません。それが、

「最高！」

です。大借金を抱えていても「最高！」。当たり前のような毎日の小さな出来事にも「最高！」。とにかく「最高！」を連発します。

「今日のビールはまた最高だね！」

「その日の天気がまた最高でさ！」

「松本、そのアイデア、いいねえ、最高じゃん！」

なんでも「最高！」でした。

ご承知の通りに、「最高」とは「最も高いこと」「最も素晴らしいこと」「最上級」「一番」「この上がない」。英語にしたら「ベスト」です。そんなになんでもかんでも最高なんて理屈の上ではおかしな話。「田村も松本も最高だねえ！」なんてさださんが言うことがありましたが、最高が二人、一番が二人いることになります。

ただ、よく考えれば私たちの感情は世界標準で決められているわけではありません。自分が「最高！」と思えばいいだけのこと。例えば何かいいことがあった時に、「悪くないかも」「いいね」「素晴らしい！」「最高！」のどれを使うのも自分で決めることができます。

だったら、「最高！」までメーターを振り切ってみる。感情を振り切ってみる。すると自分の中にも周りの人にも、元気が出てくるのは間違いありません。だから、何ごとも楽しくうまく回り始めます。

この「最高！」を使うかどうかで、間違いなく人生が大きく変わると確信した出来事がありました。

さださんと私とで、確か博多あたりの街で、立ち食いうどんを食べた時のこと。はじめて行く、いわゆる街の小さな店です。そこにいなり寿司もあったので、二人ともそれを頼みました。私のほうが先にそのいなり寿司を頬張ります。美味《おい》しいいなり寿司でした。私はさださんに、「いなり、うまいっす」と言うと、さださんもさっそくひと口。そして出てきた言葉が「最高！」

ああ、凡人の私とさださんの違いは、「うまいっす」と「最高！」の違いなのねと知りました。

「うまいっす」では、当たり前な日常のワンシーンとして、すぐに忘れてしまいます。

「最高!」は、しっかりとその味を味わいつくし、記憶に残していく言葉。そして周りも元気にする。お店の方にも笑顔が生まれる。結局、自分の毎日も、そして人生も変えてしまいます。

「なんだか最近、毎日がつまらない」

もしもそんなふうに思えてしまう時は、コンビニのおにぎりを頬張った時、お客さまの小さなありがとうが聞けた時、無事にベッドにもぐり込んだ時、「最高!」とひとこと言ってみるだけで、きっと、いや、間違いなく、何かが変わりはじめます。

「明日もがんばろう」と思えるさだまさしの世界

今、私がほめ達研修でお伝えしていることの一つ、

「ヨコでなくてタテでほめる」

というのがあります。

ヨコでほめるとは、成績や成果の棒グラフを並べて、人とヨコで比べるほめ方。いわゆる評価のほめ方です。これもありなのですが、このほめ方は結果が出ていないとほめられません。しかも周りと比べて素晴らしい結果でないとほめられません。一度ほめた人も次に結果が出ないとほめられませんし、場合によっては一生ほめられない人も出てきてしまいます。では、タテでほめるとは？

棒グラフで言ったら、その人のグラフのタテの伸びをほめます。今と過去を比べて成長や挑戦や工夫や変化や頑張りをほめます。これならば、誰でも何度でもほめるこ

とができるというもの。

「それ、こないだまで苦労してたけど、もうサクサクできちゃうね！」

ヨコでほめるのであれば「結果も出てないのにほめるなんておかしいでしょ！」となるのはごもっとも。それがタテでほめるならば経過でほめられます。人は成長を認められると勇気が生まれますよね。

さださんはこれを昔から実践していました。

マネージャーの中でも制作マネージャーという私の立場は、さださんの行動につかず離れずな感じで「松本、おいしいなあ！」などと言われたりしておりました。確かに半分はそう思っております。

ただ、逆に言えば「なんでも屋」「便利屋」「遊撃手」なところもございまして。なかば「都合のいいヤツ」のように思われていた気もしないでもなく。

「あっ、松本でいいじゃん」

「松本にさせよう」

「松本、何やってんだ？」

などと、あれやこれや降りかかってきます。

まあ、何があろうと、尊敬するさだまさんや上司や先輩たちの仕事ですので、全力で対応しておりました。何よりも、さだまさしが、**さだまさしの世界を世の中に伝えることで、それを受け止めるどなたかが元気になるのであれば、それが無上の喜び**でした。

ただ、苦手だったこともあります。

例えば、さださんのゴルフの人数合わせでのラウンドです。世間では意外と知られておりませんが、さださんはめちゃめちゃ体育会系で、身体能力がとんでもなくすごい。野球やテニスは趣味を超えて超がつくほどうまく、中学の時なんざ、バイオリン修業で東京に出てきているのに、器械体操部にいたりしたほどでして。コンサート前には、緞帳《どんちょう》の裏側で、緊張をほぐして集中力を上げるために、毎度逆立ちして歩いていたほど。

とはいえ、忙しくなってからは、コンサートツアー中のゴルフだけが、さださんの体力づくりやリフレッシュのためのスポーツでした。

ゴルフは四人でまわります。いまでこそ、ゴルフ場も余裕ができてきましたので、

三人でまわらせてもらえることも普通なようですが、バブル前夜のあの頃、四人集めるのが鉄則でした。とはいえ、

「明日、時間できたなあ。ワンラウンドはできるよね！」

なんて時に、旅先でメンバーを探すのが大変だったりします。

そんな時に、「なんでも屋」「便利屋」「遊撃手」が思い出されます。

「あ、松本でいいじゃん」「松本にさせよう」「松本、何やってんだ？」

ところが私はかなりな文科系。野球で汗を流すより、お灸《きゅう》で冷や汗たらすほうが似合うようなタイプです。

ゴルフなどにいたっては、「あんな炎天下で、棒を振って歩いたら、あたしは人生を棒に振りますから！」などとわけのわからんことを言いながら、練習すら逃げておりましたが、「なんでも屋」「便利屋」「遊撃手」としては、呼ばれたら行くわけです。

自慢でもありませんが、その当時、一度も打ちっぱなしにも行ったことがないのに、さださんからの「松本、行くぞ」のひと言で、翌朝、海ごえのグリーンとかに向かっていたりしました。

ティーショットでボールに当たるほうが珍しいのに、どうして海を越えて、向こうの半島のグリーンに乗るの？　海を渡ってきた風が立てる音が、妙に私の心を虚《むな》しくしたことを覚えております。今にしてみれば、贅沢《ぜいたく》な経験でしたのに。

ただ、さださんは、どんな時でも「ほめ達」でした。あの方は「ネイティブほめ達」と言えます。

いつになっても上手くならない、練習もしてこない私の、どうにもならない「チョロ」なショットに対しても、

「いいねえ！」

「いいんだよ！　前に転がった！　それだけでいいんだ、何事も！」から始まり、「ナイスショット松本！　当たったねえ！　いいのいいの、曲がっても何しても、今日一番当たったたし！」

「おまえ、実はゴルフのセンスあるんじゃないの？　今のスイング、綺麗《きれい》だったよ！」

ずっとほめ続けてくれます。こちらとしては、「どこが？」「何がやねん！」「よーゆーわ！」などと思わないでもないのですが、さださんにそう言われ続ければ、「そうな

のかな?」「ちょっとはよかったのかな?」なんて思ってしまいます。

みなさんに迷惑をかけないように、カートにも乗らず、ほとんど5番、7番、ピッチング、サンドを持ってコース中を走り回っていましたが、気がつけば楽しんでいる。たまたまティーショットが当たったり、アプローチでグリーンに乗ったりした時に、

「ナーイスショット!　最高!」

なんて言われると、あっ、もっと集中して頑張ろうと思える。

私のスコアはハーフで120とか叩くような惨憺《さんたん》たるものでしたが、さださんのおかげでラウンドは楽しく過ごしていました。

今から思えば、ゴルフの上手いさださんからしたら、相当足手まといだったでしょうに、ほめるとなったら最後までほめ切る。場の空気を常に明るくする。ヨコでなくてタテでほめて、相手の成長を応援する。ネイティブほめ達のすごさを教えてもらいました。

「チョロでも、**前に転がる、それだけでいいんだ!　何事も**」

これからもそんな人生であろうと思います。

見えない贈り物 Ⅱ

不思議なご縁

出会いは十六歳

始まりは、私が十六才。ごく普通の高校一年生の時でした。

私立國學院高校。向かいが神宮球場、そばに国立競技場、このところ再開発で話題になっておりますが、神宮外苑の銀杏《いちょう》並木でも有名な、都心とは思えぬ大きな森の中にあるような高校です。私はその環境に惚《ほ》れたという純粋な心と、男女共学で大学附属高であるからというよこしまな心とで、その國學院高校に入学しました。

さださんはその國學院高校の九つ先輩です。私が入学する頃にはすでにソロデビューして、『雨やどり』などが大ヒットしておりました。さださんの後輩になるのはどことなく嬉しいものの、それ以上ではありませんでした。ところが事件はすぐさま起こります。部活の勧誘です。

「特にやりたいこともないから、最初に勧誘されたクラブにでも入っちゃおうかな？」

などと私はふざけて友だちに言っておりました。人の縁とは不思議なもので。

ある日、廊下で近寄ってきた上級生女子が、なんだかハッピを着ており……。

「キミ、落語好きそうな顔だね？」

落研《おちけん》でした。さださんが在学中に落研にいたことも知っていましたし、その頃、私はラジオで落語を聴くのも好きでした。「落語好きそうな顔だね」には少なからずムッとしつつも「いいっすよ」と、二つ返事で入ってしまいました。

ところが、その頃。落研はある意味、さださんのファンクラブ化して先輩は全員女子。男女共学を狙った私には悪くもない話ですが、古典落語を愛する、なんて杓子定規《しゃくしじょうぎ》に考えると、どうなの？　と思わないでもない。それでも落語自体は楽しんでおりました。

ＯＢのさださんはファンクラブ化した落研に照れもあったのか、当時少し縁遠くなっていました。そしてその冬がやってきます。

「松本くん、さだ先輩の自宅の住所とか知りたい？」

年賀状を書き始めようかという時期のある日、先輩女子がとんでもないことを言ってきます。

「えっ？　さだまさしさんの住所知ってるんスか？」

「当たり前じゃん、ＯＢだもん。年賀状出す？　返信来なくても届くのは間違いない」

「いいんですか？　さだまさしさんに年賀状出して!?」

先輩に渡されたその住所の書かれたメモ書きを、何だか宝の地図のように大事に自宅に持ち帰ってはみたものの。さて年賀はがきと向かい合えば、私は九歳下のただの高校生。相手はまさに時の人。フォーク界の貴公子とも呼ばれた、ちょっとアイドルな時代（笑）……（笑）は余計でした（笑）。

「今年もよろしくお願いします」

とか書くこと自体、不遜《ふそん》なことのように思えます。悩んだあげくに、落研後輩になりきって、書いたセリフが、

「あけまして、おめでたい」

そんなイタイ高校生でした。そして、はがきのスミに、

「國學院、落研の一年です」

と書いて投函します。正直言って、投函するまではけっこうなイベントでしたが、

風に飛ばすシャボン玉のゆく先なんて実は誰も気にしていないように、そこから先はもう忘れてしまいました。

やがて年を越してお正月。シャボン玉は割れずに届いていたようで。

七草もすぎて学校が始まった頃です。学校から帰って、玄関の赤い郵便受けを開けると、ひらりと一枚の年賀はがき。

差出人は「佐田雅志」。

「久しぶりの男子部員で嬉しい。遊びに来い。電話よこせ」

そんな、どこの誰だかわからない高校一年生に電話よこせって。

始まりは十六歳。真冬の東京の青い空の下でした。

驚きの「第一声」

「……お母さん……さだまさしさんから、年賀状が来た……」

普通の高校一年生男子だった私には、よく理解のできない状況でした。これって、きっとすごいことなんだ、ということはわかるものの、目の前でいったい何が起こっていて、何が起ころうとしているのか。

落研のOBであるさだまさしさんの住所を、落研の先輩女子から教わって、なかばラジオ番組に投稿するような勢いで、ふざけた年賀状を出したまではいいけれど。ラジオ番組に届いたハガキがそうであるように、きっとスタッフのような方が選別され、ご本人の目に届くことも少なかろうと思っておりました。

目の前にある年賀はがき。あのベストテン番組に登場するさだまさしさんの手書き。

「久しぶりの男子部員で嬉しい。遊びに来い。電話よこせ」

自分の勉強机の上にその年賀状を置いて、ニタニタとかではなく、おそらく、ポカンとした顔で眺め続けていたと思います。しばらくして、普通の高校一年生男子の私は、ある重要なことに気がつきました。

「あれ、電話よこせ、って、電話しなさいってこと？」

今頃？ けれど、それほどポカンとする出来事です。確かに電話番号が書いてある。

「電話しなくてはならないのは、ひょっとして、この僕？」

なんだかわからない疑問が私の頭に湧き上がってきました。

おそらく、その時の私は、かなり無表情な感じになっていたのではないかと思います。ほうけ顔、というのは、こんな顔を言うのでしょう。私はほうけ顔のまま、母親に聞きました。

「お母さん、電話よこせってことは、電話すること？」

「普通はそういうことでしょうねえ」

「電話よこせってことは、電話していいのかね？」

「電話しなさいって言われて、電話しないのは失礼でしょ」

「なるほど……」

それが社会のルールならば、従わなくてはなりません。あの、テレビやラジオの向こうの人、ステージの向こうの人に、東京・足立区の北千住に住む何でもない自分が電話するのか……。

週なかばの平日の午後でした。電話をしたところで、超売れっ子のご本人がいるはずもなかろうとも思っていました。(当時は「イエ電」の時代)

トゥルルルル……。

呼び出し音が鳴ります。受話器を痛いほど耳に押し当てる私。

トゥルルルル……ガシャ。

「は〜い、佐田でございます〜」

やけに明るい女性の声。どうもさださんのお母さまらしい。

「あの、わたくし國學院、高校の、落研の、マツモ……」

「あ〜ら、落研さんね〜まさしから聞いてますよ〜」

えっ？　聞いてるの？？

「今日はたまたまいるわよ〜　よかったわ〜、ちょっと待ってね」

なに、この、友だちのウチみたいな感じ？

受話器がいったん置かれて（当時は保留の機能もなし）お母さまが、戸を開けて、家の奥に声をかける様子が聞こえてきます。（微妙に長崎弁）

「まさっしさ〜ん、こくがくいんの、ほら、オ・チ・け・ンの、でんわよ〜」

電話の向こうで木の階段をテンポよく下りてくる音。おそらく木の廊下を歩く足音と、おう、おう、というようなかすかな声が聞こえて、ガシャ。

「おまたせ。まさし」

紛れもない、ラジオで聞き慣れたあの声です。

「おお、松本か。よく電話してきたな、で、いつ来る？」

ええ〜っ？？

一流の気遣い

冬晴れの成人の日、一月一五日の昼すぎ、私は高校の落研の友だち二人と、千葉の市川、さだまさしさんの家の木戸の前にいました。

奥に立派な蔵が見える古い落ち着いた佇《たたず》まいのお宅。塀の上にはもうすぐほころびそうな梅の古木も顔を出しています。

「成人の日は学校休みだろ？　ひまか？　じゃ、来いや」

國學院高校の落研のＯＢであるさださんに、現役落研で高校一年生の私が出した、ふざけた年賀状になんと返信をもらい、「電話よこせ」と書かれていたので、おそるおそる電話したらば、電話口に出た大スター、さだまさしさんの第一声が、「で、いつ来る？」でした。

後になってよくわかったことですが、この方、人に対して、まったくの無防備。誰に対してもウェルカム。そして、サービス精神も尽きることなく湧き出す泉のような方。だから周りからも好かれて、いつも周りに笑顔があふれているのです。

とはいえ得体も知れない、どこの馬の骨だか鹿の骨だかわからない高校一年男子に、「で、いつ来る?」はやはり驚きです。

「そうだ、落研の同級生もいるなら、連れてこいや」

となり、落研の同級生でクラスメイトでもある高頭晃紀と秋葉誠一を誘い、おどおどしながら、こうして今、門の前。

門の前には、ファンの方と見られる、うら若き女性が数人。おそらく、さださんが出入りするのを期待して待っているのかもしれません。なにせ、アイドルな時代でしたから(笑)……(笑)は余計でした(笑)。

私らはその女性たちの背中を申し訳なさそうにすり抜け、インターホンを鳴らします。

「どなたぁ〜?」

電話で聞き覚えのある明るい女性の声。やはりさださんのお母さまらしい。

「あの、わたくし、國學院、高校の、落研の、マツモ……」

「あ~ら、落研さんね~　まさしから聞いてますよ~」

またもや、電話で聞き覚えのあるセリフの後、

「はいはい、落研さんね~、あがってちょうだい」

と言いながら、門の向こうで玄関の引き戸がガラガラと開く音、石畳を突っかけで近付いてくるような音。門の脇の木戸が開き、花咲くような笑顔の佐田喜代子お母さまに招き入れられました。

「いいな~」

という、ファンの女性たちの視線の矢で背中をズンズン刺されながら、なんとか玄関へ。

「おう、よく来たな、まあ、あがれ」

白いジーンズ姿の、細身で小柄な、その頃はまだ若干、長髪の（笑）笑顔のさだまさしさん。そのオーラというのか、存在感。

お庭には日差しがあふれる、美しい午後でした。

これがさだまさしさんと私の出会いです。昭和五三年一月一五日、成人の日、午後一時。

さだ(さん)が住んでいた市川の真間や新田のあたりは、路地に十数メートルの松の木が並び車の通行を阻むような、明治大正昭和の文豪や江戸の小粋な旦那たちの別荘や居所のあった落ち着いた街。

さださんはソロデビューしてから、蔵のある古い家を借りて、ご家族と住んでいらっしゃいました。東と南に縁側もある、ヒット曲『秋桜(コスモス)』に書かれた情景そのままの素敵な家。

その蔵を改造して、大きなスピーカーで音楽を聴けるようにしたスタジオのような部屋に私らは通され、コタツを囲んで、お昼すぎから、ずっと。ずっと。延々と。さださんの話を聴いて、笑い転げておりました。

「でね、落語ってのは、まだこのあたりがいいところでさ……」

落語の持ちネタ五つくらい。替わり目、浮世根問《うきよねどい》、湯屋番《ゆやばん》、道具屋、らくだ……。

「俺は、偉大な師匠たちに間にあったんだよ、ラッキーなことに……」

名人と呼ばれる落語家談議。志《し》ん生《しょう》、文楽、圓生《えんしょう》、小《こ》さん、談志《だんし》……。

「そんで、夜中にすることないから、バス停をね、ひきずって、隣のバス停と入れ替えて……」

ドラマ『ちゃんぽん食べたか』そのものの学生時代の話。

「ポール・サイモンは、俺の神様だね！……」

音楽の話。ビートルズ、ブレッド、ポール・サイモン……。

身振り手振り、モノマネをまじえて、ずっと。ずっと。延々と。歌のないコンサートを三本立てくらい話してくれます。夜六時頃になって、

「腹減ったろ？　めし食ってけ！」

となり、喜代子お母さまの美味しい手料理をいただき。さらに、ずっと。ずっと。

笑い転げておりました。

結局、九時すぎ。

「おう、お前ら、もう帰れ」

「はい〜、長居しました！　最高に面白かったです」

考えてみたら、笑い転げていた僕らがしゃべったのは、ようやくこのセリフ？

「ところで、お前ら、旅は好きか？」

「旅、ですか？ 多分好きです！ でも、行ったことないです～」

「ほーか、じゃ、夏休みにでも旅に行くか？」

「ほえ!?」

「出られるか？ 旅に」

「旅、ですか？」

「ほーだ、お前らじゃあ、電車賃くらいバイトで貯《た》めとけ、後はなんとかしてやる」

「あ、はい～、わかりました！」

初対面の、九歳下の高校生三人連れて、旅をしようというのでしょうか？ このさだまさしさん。

「で、それまで、何回か顔出しとけ、まだ夏まで半年以上あるから」

「あ、はい～、わかりました」

そして、さださんのさださんたるところ。こういう方って世の中にいるんだ!? と思えたのが、その後のセリフでした。

「と言っても、お前らなかなかさだまさしの家に来づらいだろうから」

さださん、後ろを向いて、ステレオの下のＬＰレコードを物色して、

「これ、さっき話した、俺が今一番好きな、ポール・サイモンの『時の流れに』ってアルバム。これ、貸してやるからよ。回し聴きして、聴き終わったら、**返しに来い。そしたら来る言い訳になるだろ**。じゃな、それを言い訳にして、また来いや、気ぃつけてな」

素敵な人、素晴らしい人、一流の人、気遣いも一流なのですね。なんの見返りもないような、高校生相手に。普通の高校一年生男子たちは、シビレまくって帰りました。足もですが。

およそ四五年ほど前のその日から、ずっと。ずっと。延々と。物語は続いていくのでした。

信頼には信頼が返ってくる

「人間関係は鏡」

これは教育実践研究家の菊池省三さんに教えていただいた言葉で、私も講演などで使わせていただいています。この言葉には続きがあって、

「鏡は先に笑わない」

鏡の中に映る人が笑顔でないのは自分が笑顔でないから。目の前の誰かが笑っていないのは、自分が笑っていないから。鏡は先に笑わない。だから、こちらが笑ってしまえばいいだけのことなんですね。すると目の前の人も笑顔になる。笑顔には笑顔が返ってくる。

「なんだか、この職場、雰囲気暗いなあ」

「我が家は会話が少なくて」

そんな時には、まず自分が笑顔になり、言葉を出せば、必ず鏡のように笑顔や言葉が返ってきます。

私がマネージャーとなって佐田家に出入りしはじめた頃、千葉県市川市にあった佐田家にはいつもやたらと人がいました。

佐田家はその頃、道をはさんで向かい合わせた、蔵まである古い日本家屋二棟に、さださんご夫婦と長崎から出てきたご家族全員が住んでいました。

当時、お父さんの佐田雅人さんは、さだ企画の会長、弟さんの繁理さんは常務で、かつ映画にも主演されたりしておりました。そして妹の玲子さんは当時「白鳥座」というコーラスグループで活躍されていました。

いわば、芸能一家。つながりも多く常にいろんな人が家にいます。いつも知らない誰かが、朝食や夕食のテーブルにまじっています。

見かけない方がひとりテーブルで食事をされているので、「あの方、どなた」と訊《き》けば「ええ、まさしさんのお友だちの知り合いで」なんてことがざらでした。オランダ・ポルトガル・中国の文化を受け入れてきた長崎のちゃんぽん文化で「よかよか！

誰でも来んね！」なのか、佐田家の気質が「よかよか」なのか。いつもオープンで敷居の低い家。

事務所の人間としては、こんなにガードがあまくて大丈夫か？ などと心配しますが、考えてみたら私自身も、初めてこの家の敷居をまたいだ時は、どこの馬の骨かわからない、ただの高校生なのに笑顔で迎え入れてくれました。

笑顔には笑顔が返ってくる。信頼には信頼が返ってくる。

さださん自身が、有名人、芸能人という気取りのない「よかよか」な方。

十年少々前、さださんの高校の同級生や立川談春師匠、それに出版社の方などもまじえて、京都・奈良を旅したことがありました。東大寺のお水取りの参籠《さんろう》をメインとして京都・奈良のなかなか観《み》られない社寺をまわろうとさださんが企画してくれたものです。旅の行程すべてをさださんが企画して栞《しおり》までパソコンで作り、マイクロバスも手配してくれています。

当日はさださんがバスの運転手さんと打ち合わせしながら、

「じゃあ、一時間後にお寺の正門の駐車場にお願いできますか？ 念のため僕の携帯教えておきます」

と、自分の携帯電話の番号まで教えています。さださんは携帯の二台持ちなどしておりません。一台のみの電話番号を、今日初めて会った方に教えてしまう。

当時の私は事務所の人間でも何でもありませんが、大丈夫なのかなと、さださんに尋ねました。

「まさしさん、ご自分の携帯でいいんですか？　私が連絡係やりましょうか？」

「何言ってんの、俺が幹事。幹事の携帯教えて当然だろうが」

とのこと。そして大徳寺あたりを歩きながら、

「松本、**信頼すれば信頼が返ってくるし、疑えば疑いが返ってくる**もんだろ」

と付け加えてくれました。

「まあ、たまに、あれれ？　ってこともあるけどよ」

と笑いながら言うさださん。

「よかよか」の裏には、しっかりと腹が据わっている強さもあるのだと知りました。

秘境をめぐるヒキョウ者ツアー

「七月二九日の正午、出雲大社の社殿の前集合」

私は高一の正月にさだきんと出会い、それから何度か家やコンサートに遊びに行かせてもらいました。

そして高二の夏休み、さださんからそんなお達しをもらいます。落研の後輩というだけでかわいがってくれ、なんと旅行にまで連れて行ってくれると。私は落研の同級生の高頭と秋葉と三人連れで、夜行列車を乗り継ぎ二日がかりで出雲へ。

社殿の前で感動的に出会うはずでしたが、出雲市駅から歩いている途中の旅館の前、前乗りしていたさださんと、さださんの同級生で落研ＯＢの石川正人先輩が車に荷物を積んでいるのに出くわします。石川先輩とは初対面。

「おお、お前ら、無事に着いたか。だけど、やりなおし！」

「やりなおし、ですか？」

「社殿の前で感動的に会うわけだからよ！」

そんなこんなで、わざわざまたそこで別れ、私たちは先に社殿に向かって待ちます。

「おおおお！　松本！　高頭！　秋葉！　無事だったか〜！」

出雲大社の長い参道を手をふりながら、わざわざスローモーションで走ってくるさだ先輩と石川先輩。周りの参拝客が何ごとかと見ています。私は高二にして「人生の楽しさは作れるのだ」と知りました。

これがそこから三年続いた、「秘境をめぐるツアー」の始まりです。

さださんが乗ってきた車は、納車から三日目のベンツでした。４５０ＳＬＣという当時の名車。白く美しいボディは白鳥のような気品があります。

当時、本当に売れていたさださん。運転で指一本でも怪我してはいけないと、安全性能でベンツを薦められたとのこと。ただ、さださんとしては、どこか居心地の悪さも感じていたようです。

つい何年か前の学生時代には、納豆のついた茶碗を洗う水道代まで気にした生活。

お金がなくバイトの掛け持ちで身体を壊し、故郷長崎に戻ります。そしてギターを弾き出し、グレープを結成したら、わずか数年で、大きなお金が舞い込んできました。

「お金はさあ、いっとき世の中が貸してくれるみたいなものだよ」

高校生だった私たちに、そんなことを語ってくれました。

だから、**お金は貯め込むのではなく、世の中に返していく**。

もちろん、自分が旅をしたり、楽しい経験をたくさんすることで、歌やトークとしても返していく。

買ったばかりのベンツを、ステータスとしての喜びにしないさださんの生き様。私はその時まださださんと会うのも数度目でしたが、テレビやラジオで知るさださし以上に、この方はさだまさしなのだと感じました。

ステータスといえば、その旅でこんなこともありました。ベンツを大切に乗っていらっしゃる方には多少失礼な話かもしれません。

出雲から秘湯・湯抱温泉で一泊して津和野の宿へ。昼間に突如、旅館からさだ先輩がいなくなったかと思うと、何やらゴッソリ買い物してきた様子。

「何、買ってきたんですか？」

「俺らのユニフォーム作ろうと思ってさ！」

「ユニフォーム!?」

「秘境を訪ねるヒキョウ者ツアーのね」

ユニクロもしまむらもない時代。見ると、津和野のどこかの洋品店で仕入れてきた「Tシャツ」と言うより「肌着」という感じのグンゼの丸首シャツを人数分。ひょっとして農作業用？という緑のサンバイザー人数分。そしてこれもその洋品店で一所懸命選んだと思われる、タオルというより温泉タオルに近い黄色いタオル。さらにサラシ。サラシ？

「松本、そう言えば、なんかノートに落書きしてたな、案山子《かかし》みたいな絵。あれ、かわいかったな、それにしよう。俺たちのマーク。旅館の人に言ってマジック借りてこいよ」

さださんはグンゼの丸首五枚にマジックで同じ絵を書きます。男五人、それを着て、首に黄色い温泉タオル、頭に緑のサンバイザーを着用します。

「さだ先輩、サラシはどうするんですか？」

「旗に決まってるだろう！」

「旗、スか？」

　みるみるサダ先輩は、グンゼの丸首と同じ絵を旗サイズに切ったサラシに描きます。

「タカトウ、旅館の人にセロテープ貸してもらって来い」

「はーい。何するんですか？」

「旗をボンネットに貼ろうぜ」

「ボンネットって、新車のベンツのボンネットに？　セロテープで!?」

「ん？　ガムテープのほうがいいか？」

「いや、粘着力の問題でなくて……」

　納車されてまだ三日の白鳥のような白いベンツに洋品店のサラシ、マジックで手描きの旗。それに乗り込むおそろいの肌着に黄色いタオル、緑のサンバイザーの男五人。

「お金はいっとき借りているようなもの」

　そんなふうに思うさださんには、高価なベンツに少し照れがあったのかもしれません。だから笑いにしてしまう。

そんなチャーミングさをさださんに感じつつ、高校生だった私は同時に「人生の楽しさは作れるのだ」と、畳み込むように教えてもらったのでした。

人生の重荷を一度下ろしてみる

人生には大きな壁が立ちはだかることがあります。登れない山に挑まねばならない時もあります。明日はあるのか？ と思いながら、眠れない夜もあります。

私が大学を卒業して、さださんの事務所に入った頃、さださんの事務所は一番の逆境にありました。

その二年前に公開されたドキュメンタリー映画『長江』。ドキュメンタリーとしては異例のヒットでしたが、制作費がかかりすぎました。残ったのは二八億円の負債。

私が働きはじめたまさにその頃、幹部たちの会議が繰り返されていました。幹部たちは会社だけではなく、「さだまさし」という日本の宝を守ろうとします。

「会社はもう、つぶれそうだ」

「けれど、まさしをつぶしたくない」

「まさしだけでも生き残れる方法をとろう」

幹部でもない新人の私がその場にいたわけではありませんが、後から漏れ伝わってきます。

私も私で、よくもまたそんな傾きかけた会社に入社したわけですが、私も日本の宝を守りたいメンバーの端くれのつもりでおりました。

厳しい経営判断の中で、さださんが出した結論は、

「あきらめない」

でした。

当時さださんは三二歳。その横顔に映った強い意志を今でも思い出します。

命を賭しても、踏ん張る。そしてわずかながらでも、前に進む。

その頃、私はまだマネージャーではありませんでしたが、すでに付き人的な仕事もあり、よくさださんを車で送ったり、たまの休みにふたりで旅に出かけたりということがありました。

旅先の車の中で、さださんがこんなことを言ったことがあります。

「松本、便利な言葉を見つけたぞ」

「えっ、なんですか?」

「これは、とても人を救ってくれる」

「おおお、なんでしょう?」

「ま、いーか」

「ほう」

「いろいろあっても、ま、いーか、で、終わらせられちゃう」

さださんはいつもの少年のような笑顔で言います。すごい人だと思いました。

二八億の借金が自分の肩に乗っかっていても、

「ま、いーか」

で、一度チカラを抜く。起こってしまったことに変わりはない。悔やんでも焦っても、悩んでも不安に思っても変わりはない。どうせ重たい借金を返していくのなら、重たい感情だけは背中から下ろしてしまおう。

「ま、いーか」

出来事から感情を切り離す言葉です。出来事を「いーか」と言っているのではなく、自分が不安に思わなくて「いーか」という言葉。もしくは、自分が不安に思っていることも、これまた「いーか」という言葉。同じ出来事でも、不安に思って立ち止まるか、不安を感じながらも、まずは事実だけ受け止めて前に進むか、すべては自分次第。

当時、さださんがよく使っていた言葉をもう一つ思い出しました。

「さてと」

いろんな重たい話をしたあとも、この言葉一つで気分を切り替えて、笑顔で立ち上がる姿は、かっこいいものでした。

「ま、いーか」

で一度すべてを受け入れて、

「さてと」

で、前を向いて歩きだす。

一度きりの人生です。そして道のりは長いですものね。

さださんが二八億円を返し終えたのは、それから二十数年後のことでした。

借金は信頼

さだきさんが大借金で一番大変だった頃だったと思います。岡山でしたか、講演会に私がついて行ったことがありました。

さだきさんは講演会といってもギター一本で数曲歌うので、私がギターを持って行き、会場のセッティングなどの手伝いもしておりました。コンサートとは違いリハーサルがあるわけでもなく、マイクチェックなどが済んだら時間があきます。その時、私はさだきさんに頼まれごとをしました。

「今日、終わったら、みんなでメシ行こうぜ。だけど財布の中がさびしいんでさ、松本、銀行で俺の口座から下ろしてきてくれない？　暗証番号はね……」

と、キャッシュカードを手渡されます。そんなことを頼まれるのは初めてでした。

そこまで信頼してもらっていることはありがたいこと。

わかりましたと楽屋を出ようとする私に、さださんは笑いながら付け加えます。

「残高の少なさに驚くなよ」

当時、さださんは、ヒット曲こそ昔ほど多くはなかったものの、連日のコンサートやイベントで、会社の年商は十数億円あります。さださん一人が歌うことで十数億円を生み出しています。ただ、そこから会場費、機材、スタッフの人件費、移動経費を引き、さらに残ったものから、銀行への返済を行って、わずかに残ったものの中から、さださんの生活費である給与が振り込まれる。

駅前の銀行のATMで私が数万円の引き出しをした後の残高は、六七万円でした。

休みなく歌い続ける、歌手・さだまさしの預金残高。日本中に元気や勇気を配って歩く人の預金残高。おそらく、この金額を切ることもあったことでしょう。胸がつまりました。

「やっぱり残高に驚きました」

「だろ？」

さださんはネタのように笑っています。

「まあ、仕方ないな、俺がした借金だしな」

などと笑いつつ、

「だけどよく一人の男にこれだけ貸してくれたと思うよ。それは信じてくれたってことだもんなあ。**借金は信頼だもんなあ。じゃあ、信頼で返さなきゃなあ**」

借金は信頼。確かに、この人の未来にはそれだけの価値がある、そう思って、未来を先取りして貸してくれるのが貸付です。信頼してねと言って借りるのが借入です。信じてもらったことを、返していく。もちろん、その信頼が大きすぎると大変ではありますけれど。自分自身も自分の未来を信じる、信頼する、そんな強さをさださんには感じました。

とは言え、この残高のさださんからメシをご馳走になるってどうよ、とも思います。うまいうまい！ といつものようにアホづらで食べるのもどうかと思います。ただ、それも、信頼の借入と思って食べるしかありません。

私はいまだにさださんには、借りた信頼の利子も返しておりませんが。

便利は心を追い詰める

「人と人とは絶望的に違う」と、私は講演会などでお伝えしています。

絶望的なんて言うと、なんだか切なくなりますが、それくらいに自分と相手とは感覚や価値観が違うということ。また、絶望的に違うんだと思っておけば、もうそこには希望しかありません。「あっ、なんだ、違ったのねー」と、納得すれば済んでしまいます。

例えばＬＩＮＥなどでの既読スルー。返信がないことに心を痛めてしまう方もいますが、相手にとっては既読イコール「読みました！」という返信のつもりだったりします。

個性心理学では、コミュニケーションの仕方に三タイプあると言います。会って話したい人、電話で話したい人、メールで十分な人。

ちなみにその分類だと、さださんは会って話したいタイプだそうで。だからたくさんの人にフットワークよく会いに行くのだと合点がいきます。私は電話で話したいタイプ。

会って話したい人は、電話だけではもの足りない。メールで十分な人は、電話がかかってくると面倒に思います。こればかりはタイプですので、「絶望的に違う」と思って、すり合わせていかなくてはなりません。

ただ、これも便利になってコミュニケーションの方法が増えたからこその悩みですね。

私はさださんの送り迎えなどもあり、当時さださんが住んでいた千葉の市川で一人暮らしを始めました。

当時としてもずいぶんと古い1Kのアパートでした。男の独り身で旅暮らしの毎日ですから、それで十分です。その部屋で過ごした思い出もさほど残っていないほど、毎日どこかの旅の空だったのだと思います。

ただ、携帯電話などなかった時代。旅暮らしの私に、友だちや家族や仕事以外の知り合いが連絡をとる手段がなかろうと、当時出たばかりの留守番電話を買いました。まさに、電話でコミュニケーションしたいタイプですね。

今の若い方には想像がつかないと思いますが、お掃除ロボットくらいのでっかい電話です。マイクロカセットテープで録音するもの。当時の値段で三万円くらいした高価なものでした。毎日仕事で飛び回る中で、それだけが私のプライベートとの生命線のように思っておりました。

夜、旅から帰り、アパートの部屋の鍵を開けると、暗い部屋の奥で、留守番電話の赤いランプが点滅しています。ああ、誰かの声があの電話に残っている。旅の疲れを忘れるように、心にあたたかなものが生まれます。

ただ、長い旅から帰り、暗い部屋の奥でランプが点《つ》きっぱなしの時は、誰のメッセージもない知らせ。

私が旅をしている間に、私に用事がある知り合いが一人もいなかったのかと、さみしくもなります。留守番電話もいいんだかどうなんだか、そんなことを思います。

当時、仕事は心から楽しく毎日充実しています。それでも私個人に電話してくる人はいないのね、という、若かった私には、なんとも切ない気持ち。

そんなことを一度、どこかからの旅の帰りの車の中で、さだざんに話したら、

「**便利は心を追い詰めるもんだ。**お前が忘れられているわけではまったくない。気にするな」

などと言ってくれました。

便利は心を追い詰める。確かにそうかもしれません。

留守電という、自分には最適で便利なコミュニケーションの方法を見つけた私ですが、誰もがそのコミュニケーションをとるわけではありません。

いまＬＩＮＥに一喜一憂するのと同じ話です。

ある日、夜遅くにアパートに帰ったら、やはり留守電のランプは点滅していません。

「今日も誰も用事なし」

と、軽い感じで呟《つぶや》きながら、玄関の電気を点けると、足もとに絵はがき。

古いそのアパート、ドアについた郵便の小窓は、はがきや新聞を受ける箱がなく、小窓に挟まれるか、そのまま玄関の中に落とされます。絵はがきは高校の同級生の男

友だち。旅先からのものでした。

「おおい、元気か〜!?　いま北海道、でっかいどー」

相変わらずのアホなノリだけの絵はがき。電話などはまずしてこない男でした。

そうか、私に今は連絡がなかったとしても、私のことを思い出してくれている人は、どこかにいる。それは留守電のランプだけではわからないこと。

便利は心を追い詰める。さださんの言葉の意味がわかったように思います。それはまた、人と人とのコミュニケーションの違いを知ったほうがいいという意味もあったのでしょう。自分で自分を追い詰めていたのかもしれません。

それからは、留守電のランプで憂うことは、ずいぶんと少なくなりました。

人の縁は、形では決まらない

私は家庭の事情などもあり、さださんの事務所を辞めることとなりました。

一生この人の仕事をしたいと思っていただけに、自分としても残念でなりませんでした。さださんにそのことを告げたのは、当時の定宿《じょうやど》だった博多城山ホテルのカフェ。

さださんは事情もわかっていたようで、いろいろ訊かずに、

「まあ、いつでも戻って来い。勉強して来い」

とだけ言って、その夜はそれまでと変わらぬ雰囲気で、中洲に飲みに連れて行ってもらい、長浜市場でラーメンを食べました。

思い出話をするわけでもなく、妙な人生訓を言われるでもなく、昨日と同じように過ごし、そして明日からも同じように続いていくかのようにラーメンをすすります。

私もさださんも、替え玉を二回頼みました。

人の縁というのは、形で決まるものではない。さださんがいつも言っていることを、また教えてもらった気がします。

そう言えば社員でいる間には、さださんから自分宛のサインをもらったことがないなと、「せっかくなんでサインお願いしまーす！」と明るくアホづらしながらお願いしました。

見慣れたいつものさださんのサイン。いつものようにマジックをキュキュッと鳴らしながら、軽快に書いてくれます。そして日付をいれて、「松本かめ夫くんへ」（かめ夫は私がラジオに出演する時の芸名）と入れた後に、「がんばろう！」とひと言。

がんばれ、でなく、がんばる、でなく、がんばろう。

どんな時でも、横並び。事務所を辞めても、ともに歩く。

「俺たちは、遠い何かに向かって歩く同志なんだよ」

「俺たちは、ひとりじゃない」

というメッセージ。深く胸に残りました。

「恩返し」ではなく「恩送り」

今でこそ私は全国で講演や企業研修をしたり、本を出したりテレビに出たりしてきたので、「さだまさしさんの元マネージャー」というプロフィールも納得して受け止めてもらえるようです。ただ、私は「元マネージャー」ということを言わなかった時期がありました。正確に言うと、隠していた。

それは、さださんの事務所を辞めて、家業のガソリンスタンドで働いていた頃や、スタンドがダメになって損害保険会社の売れない営業マンだった頃でした。

もちろん職種の問題ではありませんが、下町の傾きかけたガソリンスタンド。従業員もろくに雇えず、走り回って給油をしたり、油まみれになって整備をしたりする私が、「さだまさしの元マネージャー」と言ったところで、聞いた相手は「?·?」と思うばかりですので特に言う必要もありません。さらには売れない保険営業となり、月の手数料収入が二千円なんて時代には、申し訳なくてさださんの名前を出せません。

「さだまさしのマネージャーって、この程度?」

そう思われるのが私としては何よりつらい。さらに、今の自分はさださんにもらった恩を返せる立場にもなし。あれだけお世話になっていて、その後、何の役にも立てない自分もまた恥ずかしく、十数年にわたって私は「元マネージャー」を封印しておりました。

けれど、そんな私にも、さださんは声をかけてくれます。思い出したように電話をくれて、

「おう!　元気か?　たまにはコンサートに顔出せや」

とか、私の誕生日なども思い出してくれたのか、私の仕事中に留守電。

「おめでとう。いくつになった?　また時間があったら飲もう」

なんて入れてくれています。どうにもこうにもかなわない方。

マスコミ業界でもなく有名人でもない私は、言わば、さださんの仕事に何のメリットもない存在です。なのにそうして声をかけてくれる。ずいぶん昔の縁を大切にして

くれる。私などにもそうしてくれるぐらいですから、ものすごく多くの人たちにさださんは心を配り、時間を使い、言葉の贈り物を手渡してくれているのでしょう。

『この人にもらった恩は、一生かけても返せないな』

そう思っていた私は、ある言葉と出会いました。それは「恩送り」。もらった恩はなかなか返すことができません。ならば、その恩を次の誰かに送っていこう。これは江戸時代の日本にあった素晴らしい考え方。送る分には恩を小分けにしてもよし。誰かへのほんの小さな貢献でもいい。そんなことなら私にもできる。そして誰もがそうしていけたなら、いつかこの世の中は恩であふれるようになる。

私のできる恩送りと言えば、さださんにもらった言葉の数々を、少し真似して誰かに渡していくこと。つまりは、それが私にとってはほめることだったのです。

不思議なもので、そんなふうに意識しはじめると、私の周りの様子が変わりはじめました。どうも恩というものは送れば送るほど、またぐりめぐって戻ってきてしまうようです。いつしか私は売れない営業を卒業し、胸を張って、かつ少しネタのように笑いながら、「さだまさしさんのマネージャーをしていました」と言えるようになりました。

恩というのは、見返りを求めて手渡すものではありません。さださんも見返りを求めていないから、下町のガソリンスタンドのオヤジだろうが、売れない営業だろうがおかまいなしに、心を配り、声をかけてくれ、元気を分けてくれたのだと思います。ただ見返りを求めないからこそ、めぐりめぐって、また自分のところにも戻ってくるのでしょう。

さらには、恩送りしている時は、自分の心も心地よい。「さださんほどではなくたって、自分も誰かの小さな役に立てる」と思えます。あとでご紹介するボランティアで頑張る高校生たちも同じ思いで世の中に積極的な恩送りをしてくれているのかもしれません。

ずいぶん前にさださんや仲間たちと飲んだ時のことでした。私はしこたま酔っ払って、さださんに向かい、からんだわけではないのですが思いを込めて、

「いやあ、もうね、手遅れなんです！」

「何がだ、松本」

「さださんへの恩は返しきれません！」

「ばーか、いらねえよ、そんなもん」

「なので返すのやめて、ほかの人に送ることにしました！」

「ん？　恩送りか？」

「あれえ！　それ、僕が言おうとしたのに！」

どこまでもかなわない方でございます。

見えない贈り物 Ⅲ

自分の在り方

昨日までの自分は死んだ。明日からの自分で生きてみよう

一所懸命だけれどうまくいかない。自分の存在があやしく思える。そんな時は誰にでもあります。けれども、それは今までの話で、これからもそうだなんて思う必要もなく。

さだをんの名曲『道化師のソネット』にカップリングされた『ＨＡＰＰＹ　ＢＩＲＴＨＤＡＹ』という曲があります。一九八〇年の作品です。

タイトル通りにハッピーな明るい曲調で、コンサートの際には会場に手拍子が自然とまき起こります。ところが、この歌詞に、

「昨日迄の君は死にました　おめでとう　おめでとう」

とあり、「誕生日の歌で死ぬとは縁起悪い！」と物議をかもし、やっぱり「さだまさし、暗い！」のツッコミどころにもなりました。ただ、この歌、正確には誕生日

の歌ではありません。

誰だって人生思う通りにいかない。私はこれでいいのか？　と思う。人を傷つけることも人に傷つくこともある。生まれてきてよかったのか？　と思うこともある。だけれど、それは昨日までの自分。昨日までの自分は実はもう過去の人でもういない。あなたは今、生まれたと思えばいい。明日からは違うあなたの人生が始まる。という応援歌です。ギリギリの気持ちにいる人たちへの応援歌です。

誰にだってひとつやふたつ　心に開かずの部屋がある
一生懸命生きているのに　傷を恥じる事などないさ
雨が降る日に気になるものは　雲の大きさばかりだけれど
空の広さに比べれば　別に大した事じゃない
だから　ＨＡＰＰＹ　ＢＩＲＴＨＤＡＹ　ＨＡＰＰＹ　ＢＩＲＴＨＤＡＹ
昨日迄の君は死にました　おめでとう　おめでとう
明日からの君の方が僕は好きです　おめでとう

幸せなんて言葉もあるが　人それぞれに秤が違う
人は人だしあんたはあんた　別に張り合う事などないさ
雨が降る日は天気が悪い　雲には雲の行先がある
空は確かに広いけれど　心の広さと比べてみるかい
だから　ＨＡＰＰＹ　ＢＩＲＴＨＤＡＹ　ＨＡＰＰＹ　ＢＩＲＴＨＤＡＹ
昨日迄の君は死にました　おめでとう　おめでとう
明日からの君の方が僕は好きです　おめでとう

この歌は、自分の存在理由に迷う人たちに贈られた歌であると同時に、学生時代のさださん自身に向けられた歌だと私は勝手に思っています。

バイオリンの修業で、中学の時に長崎から上京したさださん。長崎の実家は当時お金のない時代。それでもさださんの才能を信じて東京に送り出してくれた両親。その期待を感じながらも、さださんは音楽から挫折していきます。音大附属の高校に落ち、大学も望みもしない法学部に入って中退。お金がなくくバイオリンを質に入れてしまったこともありました。自分の存在理由がわからなくなり、自暴自棄となっていきます。**自分で自分を「いじめ」に入ったと**、さださんは振り返ります。それでもギリギリで「あきらめなかった」と。

この歌は、あきらめそうだった昔の自分、そして今、あきらめそうになっている人たちに、歌ってくれているものだと思います。あきらめるのは、昨日までの自分をあきらめてしまえばいい。明日からの自分まであきらめてしまう必要はないよと。私もこの歌に救われた一人です。

損害保険の売れない営業で、どんなにやっても結果が出ずに半年が経《た》ち、最後の望みの見込み客だったお客さまからキツイ言葉で断られた日がありました。

半年頑張ってもお客さまには存在も認められない。まだ幼い子どもや家族を抱えた父親として、もう終わりかと思えた日。耳の奥に聞こえてきたのが、

「昨日までの君は死にました」

そうか、ダメだったのは昨日までの私。明日からは別の自分で生きてみよう。

「ゼロから」と受け入れた時、不思議と風向きが変わっていきました。

これからの生き方が、これまでの人生を決める

何年か前の春、私は京都の東本願寺さんの前で、こんな看板を見かけました。

「これからが　これまでを決める」

これは浄土真宗の藤代聰麿さんという名僧の言葉でした。一見、不思議な言葉。これまでが、これからを決める、と普通ならば考えますが、そうではなく、これからが、これまでを決める。これからの生き方が、これまでの人生の意味を決めていく。つらかったことや情けなかった自分もあるかもしれない。ただ、それも**これからどう生きるかで、過ぎた時間に価値が生まれる**。過去の事実は変えられないけれど、その意味や価値は変えられる。そのためにも、命を大切に使おうと思えます。

そんないくつかの言葉を反芻《はんすう》していた頃、さだまさしコンサートの終わりに、さださんがまたこんな言葉をくれました。

「生まれ変わることはできないけれど、今、生きなおすことならできる」

確かに、生まれ変わることに保証はありません。よもや来世に生まれ変わったとしても、それは今の人生の記憶がない別の人生です。となればきっとこの私の人生ではないのでしょう。けれども、今、生きなおすことならできる。

生きなおすとは、今までの人生を否定するということではありません。

今また、自分があらたな生き方を選ぶならば、どんな風に生きていくのか。もしも今までの自分がいいものでなかったのであれば、ではどんな自分として生きなおせばいいのか。そんな決意をもって、この人生をあきらめずに、あらたな自分として生きなおす。もしくはそんな決意がなくとも、ただただただ、今、あらたに生きなおす。

人は何度だって生きなおすことができるはず。たった一度の人生です。どうあがこうが、終わりのある人生です。ただ、それでも終わりまで、命は一生もつのです。ならば何度でも生きなおし、最後まで大切にして生きたいものですね。

四二二七回目のステージに立つライオン

二〇一七年の梅雨《つゆ》の頃、さださんは喉を痛めて、コンサートを何本か延期されました。体調管理には本人もスタッフも細心の注意を払っていらっしゃいますが、それでもハードスケジュール。

私はその頃、もうほめ達の講師として、講演や企業研修をしていましたので、三時間話すだけでも大変な体力を使うことは身をもってわかるようになりました。まして、さださんはさらに全力で歌って、楽器も弾いて、ステージを歩き回っているわけです。さらには私などとは比べものにならない目いっぱいのスケジュール。四千回を超えるコンサートで、ほとんど延期がなかったこと自体が驚異的なことに思います。

ツアー再開後二日目の川口リリアホールでのコンサートに私は伺いました。

心配しながら、開演前に楽屋にお邪魔します。楽屋のドアを開けると、さださんは鏡のほうを向いて、吸入器でスチームを吸いながら声の調整中。いろいろな発声をしながら、声帯のさまざまな部分にスチームを当てているようです。

私は、後ろからわざと明るく、

「こんにちは！」

と言いながら、鏡の中のさださんの視線に合うように身体をかがめて、手を振りました。さださんも吸入しながら、鏡を通し、手をあげて、

「おうおう」

「大丈夫ですか？」

「んなわけないだろ！」

「ですよね」

「今日は、ストレートが走らないよ。ストライクとれないぞ、おい」

「大丈夫です。私ら客席でボール球でも全部振りますから」

「まあ、どうなることやらだけどな（笑）」

「まさしさん、何だったら、代わりに歌いましょうか？（笑）」

私も普段は言わないようなボケを入れます。

「おう、歌っといてくれ（笑）」

ほんとにしんどそうです。すると、当時のマネージャーの石井さんが、

「バンドメンバーのトラ（エクストラメンバー＝代役）ってのは聞いたことあるけど、本人のトラって、聞いたことないですね（笑）」

そんなバカな話をしながらも、さだざんは吸入を続けています。

「じゃあ、まさしさん。客席におります！　頑張ってください!!」

「おう、頑張るよ。やれるところまでやるまでよ！」

さださんと仕事をしていた時代に、何度か見た、その後ろ姿。待っていてくれるお客さまのために、全身全霊でステージに上がるその後ろ姿。たとえ身体がボロボロでも、大借金をしていた時でも、ただ一人、ステージに上がり、マイクの前に立ち、数千のお客さまに元気を届ける、その後ろ姿。どれだけ強いんだろう、この人。

『風に立つライオン』

という曲で、

「僕は風に向かって立つライオンでありたい」

と歌った、そのままの姿を感じます。

そんな夜が、ソロになって、その日で四二二七回目。

本番。私は一人のお客として客席で聴かせていただきました。一曲目から、一気に作り上げられる、さだまさしの世界。喉の調子は一〇〇パーセントではないものの、それを超えたところで、歌が客席に届きます。歌、楽曲、バンドの皆さんとともに作り上げる演奏、音響、ステージセット、照明。どれをとっても、驚くほどに上質です。

四二二七の夜、磨き上げてきた、上質なコンサート。圧倒的でした。

三曲目には、私は恥ずかしさも忘れて、涙があふれて仕方がないほどでした。

終演後、また楽屋を訪ねたら、

「スリルたっぷりだったろ？」

なんて、さださんはいつもの茶目《ちゃめ》っ気たっぷりな顔で笑っていました。

「いえいえ、本当に素晴らしかったです。本当に感動しました！」

私にはたいしたほめ言葉も浮かびませんでした。ただただ、感動をお伝えしました。

「お前、またまた〜」

そんな笑顔で、さださんは楽屋を訪ねてきたほかのお客さまのところへ行かれました。

「やれるところまでやるまでよ」

確かに私たちは、やれるところまでしかできません。今やれることしかできません。

ですが、

「やれるところまでやるまでよ」

やれるところまではできるんだ、ということ、ですよね。

ただ、さださん、どこまでやるの？　とも聞きたくなります。

さだまさしがそこまでして、私たちに、この時代に伝えようとすること。

私はこの後も、それを確かめ、受け止めて、そしてまた、誰かに伝えていこうと思います。

さだまさしコンサートはこの秋、四六〇〇回を超えました。

後まわし！ 後まわし！ さだまさし！

制作マネージャーという立場だった私は、さださんにくっついて全国を歩くこともあれば、毎日普通に事務所に通勤なんて時もありました。

千葉の市川に住んでいた私は、事務所のあった市谷まで、黄色い総武線各駅で通っています。

市川駅は、総武線快速も止まります。総武線各駅は御茶ノ水から新宿方向へ向かいますが、快速は東京駅方向、そして横須賀線につながり、鎌倉や逗子へと向かいます。

事務所に向かう朝、ホームで各駅を待っていると隣のホームに快速電車が入ってきます。ふと、

「ああ、あっちに乗って、鎌倉とか行っちゃいたいなあ」

なんて思うこともしばしば。ただ、一瞬のそんな思いをかき消すように、目の前に

各駅停車の黄色い車両が入ってきます。

当時、さださんと飲みながら、旅の話になった時に、

「まさしさん、僕、たまにですけど、通勤の時に違う列車に乗ってしまいたくなることがあるんですよねぇ」

考えてみたら、当時の社長に「会社行きたくない！」なんて話をするのはどうかと思いますが、社長とはいえ、さださんはさださん。

「松本ぉ、お前ね、ナニ考えてんだよ。そういう時には、そっちの列車に乗っちゃうんだよ！」

「えっ、まじすか？　会社サボっていいすか？」

「そういう時にサボるようじゃなきゃ、いい仕事できないよ。サボりたい時はサボる。逃げる時には全力で逃げる」

「えっ、ほんとすか？　だって、会社行って待ってるのは、まさしさんの仕事すけど」

「あほか！　なら、なおさら後まわし！　後まわし！　さだまさし！」

レジェンド歌手は変なところでも韻を踏みます。そうかぁ、そういう時は、サボる

べきなのねえ。そう言われれば、さださんも当時からよくいなくなる人だったので、（コンサートをサボったりはないですが）じゃあ、今度、自分も積極的に仕事サボって旅に出よう！　と、飲んだ勢いで心に誓っておりました。

ところが、これまた天才と凡人の差。やはり、毎日の仕事、自分の責任とかを考えてしまうと、たとえ一日のサボりも、なかなかできなかったりします。結局、隣のホームに行くこともできず、月日は流れていきます。

「うーむ、さださんの言う通り、そんなこともできないから、自分は中途半端な人生なのかも？」と思うこともしばしば。

ようやく隣のホームに行けたのは、それから何十年も経ってからでした。その頃、私は損害保険会社の本社にいて、駅は錦糸町。これまた総武線の各駅と快速が止まる駅です。

朝、普通に錦糸町まで行きましたが、その時に、ふと、あの時のさださんの言葉を思い出します。

「いかん、自分はまだ、サボり旅に出てなかった！」

と、快速のホームに上がります。まあ、乗っちゃえと、来た快速にひょい。で、当時の上司にメールを送ります。

「すみません！　都合で本日休ませてください。○○の件は、明日、○○します」

メールを送るまで一分くらい。送り終わった頃に電車は動きだします。おお、もう自分は自由？　なんだ、こんな簡単なことに何十年かかったのか。

梅雨の晴れ間の日でした。北鎌倉の明月院の紫陽花《あじさい》が、美しい明月院ブルーを濃くみずみずしい緑の葉に咲かせていた頃。

旅をしようと、計画を立てた旅でもなく。出張のついでに、少し足を延ばしたという旅でもなく。何か思い詰めたわけでもなく、意味もなく積極的にサボる旅。突然あえて日常を切り離してみる旅。ほんの小さな心のゆらぎを、形にしてみる。

確かに、さださんの言う通り、そこには普段見つけられないものがあるように思います。

ナニやらその頃から、仕事においても、さらにもう一歩踏み込めるようになったような気もします。

それにしても、スーツ姿で明月院。いかにもサボりでしたが。

ここ数年、新型コロナウイルス感染症で行動にはしばりがたくさんありました。ただ、心までしばりつけてはつらくなります。

サボりたい時はサボる。

逃げる時には全力で逃げる。

そのくらいに思っていたほうが、心の余計なサイドブレーキをはずせるかもしれません。そして、

進む時には全力で進む。

そんな決意や行動力も生まれてくるのかもしれません。

人生とは八〇個のビー玉を集めていく旅

「語院居の会」という集まりがあります。

國學院高校落研、落語研究会のOB会です。不定期ですが、少なくとも年に一度は開催される、ただの呑《の》み会です。

落研は私の代以降活気を取り戻します。かなりクセはあるものの、面白い後輩が次々と入部してきて、私の後の十年くらいが、ある意味、全盛期だったのではないでしょうか。

さださんの時代が落研の第一期黄金時代、私から下が第二期黄金時代などと呼ばれています。私の九つ下の青木伸広君に至っては、落語愛があふれて二〇〇九年、神保町に高座のあるカフェ「らくごカフェ」を開いてしまいました。若い噺家さんたちの出番を増やし、落語ファンの集う場にもなっています。語院居の会も、よく「らくごカフェ」でやらせてもらっています。

語院居の会の会長は、さだまさしさん。多少若いやつもいれば、元顧問の先生まで、いろんな世代の変わり者男女がおります。開催日程は一番多忙なさださんのスケジュールに合わせます。その会の中では、さださんも「佐田先輩」と呼ばれています。その語院居の会のたびに、佐田先輩がよく言うセリフがあります。

「いやなんだよなぁ、この会はよ。疲れんだよ」

「なんでですか？」

「みんな好き勝手しゃべり続けるから、うるさくて仕方がない。だんだん声を張らなくてはなんなくなるんだよなぁ！」

するとまりにいる後輩たちが一斉にツッコミを入れます。

「佐田先輩、そのお言葉、そのままお返しします！」

「そうか？（笑）」

なんて感じの、まあ、とにかく楽しく賑《にぎ》やかな集まりです。たまに落研ではない人などもまざっていたりしますが、もともとゆるい連中なので、

「まあ、飲みましょ、飲みましょ！」

となって、どなたもなじんでいかれます。

ちょっと前、私の後輩女子が息子さんを連れてきました。彼女はシングルマザー。頑張って息子さんを育ててきました。息子さんは一八歳。高校を出て進むべき道が定まらず、迷いの中にいる様子。

「松本先輩、うちの息子、語院居の会に連れてってっていいですかねぇ」

そんなことを訊かれまして、

「連れてこい、連れてこい。こんな馬鹿な大人でもなんとかなってるって見せてあげたら？」

内心はそんな若い純粋な彼を、あの男とかあの男とかあの女に会わせて大丈夫か？などと思いもしたものの、それが実現しました。綺麗な目をした、礼儀正しい青年でした。

会った瞬間に、ああ、この彼なら大丈夫。さまざま迷うことはあっても、今、彼はおそらくチカラをつけている時期。むしろ魅力的な青年に見えます。私は、

「変な励ましじゃないんだけどね」

という前置き付きで、

「僕の人生、どうにかこうにかになり始めたの、五〇すぎてからだぜ」

なんて話をしたり、彼の話を聴いたりしていました。

そこへグラス片手に佐田先輩がやってきます。佐田先輩は毎度自ら、各テーブルを回ってくれます。

「おうおうおう、おつかれおつかれ」

テーブルにいたそれぞれと小さく乾杯。

「佐田先輩、私の息子、連れてきました」

「おうおうおう、よく来たな。似てるなあ」

誰にでもまっすぐ目をくれる佐田先輩です。

私が少し付け足します。

「いろいろ悩んでるらしいっす」

お母さんが続けます。

「高校出て迷ってる模様です。一応、受験生ですが（笑）」

するると佐田先輩。ほぼ間髪《かんぱつ》を入れずに、

「悩め悩め！　それでいいんだ。大丈夫」

力強く言ってくれます。

「いま人生八〇年だ」

人生百年時代と簡単に言わないのが、常にリアルな佐田先輩。

「八〇個のビー玉があったとしてさ。そのうち二つや三つ失《な》くしたって、誰も気づきやしないだろ？」

息子さんが目を見張ります。

「二年や三年、遊べ遊べ。大丈夫。だいたい人生は三〇からだからよ」

僕は五〇からでした、と言おうと思いましたが、佐田先輩のセリフの余韻が残っているのでやめておきました。さらに佐田先輩はこう続けます。

「それにな、人生、思う通りにはならないかもしれないけれど、どうにかなるものだ」

八〇個のビー玉。

ビー玉とたとえられたことも心に残ります。一つひとつは宝石のようではないかもしれない。傷だらけの、どこにでもある、そんなガラス玉かもしれない。それでも、その一つひとつもよく見れば、深い宇宙のような色をした、一つとして同じ模様ではない、美しい玉なのかもしれない。それを七〇個、八〇個、と集めていく旅が、私たちの人生。

まあ、二、三個どっかに置いてきてもいいではないの。手のひらからこぼれ出すほどの美しいビー玉。

息子さんは、もともと元気でしたが、佐田先輩からそんな話を聴いて、なおさら笑顔で楽しんでくれていました。

その後もほかのＯＢたちが、息子さんにからんできます。

ほらほら、いい人には、いい笑顔には、綺麗に輝くビー玉には、こうして人が集まってくるもの。大丈夫大丈夫。

翌朝、お母さんである後輩女子からメッセージが来ました。

「昨日はありがとうございました。すごく楽しかったみたいです」

そして、

「息子、さださんファンになってました（笑）」

大した男

コロナ禍の中で、私たちの暮らしは大きく変わりました。今までの当たり前の暮らしが、当たり前ではなくなりました。

感染しない、させないために、今までは何も考えずにしてきたことを、しっかりと考えてする必要がある。自分の判断の基準、自分の軸を決めておかなくてはなりません。

「自粛疲れだしな、たまにはいいだろ」

「仲間内なら、大丈夫だよ」

そんなふうに、ふっと自分の軸がずれたことから、大変な思いをしてしまうことがあります。

感染リスクにおびえるというマイナスの感情での軸としてだけではなく、早くウイルスを封じ込めて元の暮らしに戻るためのプラスの感情としての軸として、ブレない軸をもちたいものですね。

自分の軸というのは、自分の「あり方」とも言えます。

コロナにかかわらず、自分の軸、自分の「あり方」をもつことは大切。

さださんにもいくつもの軸があると感じていました。それはまさにさださんの「あり方」と言えるもの。

「人を大切にする」「命を大切にする」「人を楽しませる」「自分も楽しむ」「いつも元気でいる」「美しいものを美しいと思う」「好奇心を大切にする」「勉強し続ける」「一所懸命」「あきらめない」などなどなどなど。

それはさださんの美学でもあるのでしょう。そうしたブレない軸があるからこそ、長い間、第一線で活躍できたのだろうと感じます。

また一方で、たくさんの軸が自分の中にあると、軸同士がぶつかりあうことがあります。どんな争いでも、敵も味方もお互いが正義であるように、正しさとは立場によるもの。人と人との正しさのぶつかりあいのように、自分の中でもいくつもの正しさがぶつかります。その悩みこそが人間的な魅力でありつつ、その悩みを超えて出す自分の「あり方」が、その人の強さ。それをさださんには感じていました。

さださんは普段、私たちスタッフの前では「しょーもないオヤジ」丸出しでいることもありますが、ふとした時に、その強さを見せてくれます。毅然、堂々、正直、そんなぶらさない軸を。

こんな出来事もありました。

私が制作マネージャーだった頃、オフに二人で旅をしました。観光地とも言えない街。さださんが訪ねたかったという街を二、三巡りました。

夜、街の焼肉屋さんで二人で食事をしたあと、一杯飲むかと焼肉店で紹介されたスナックに寄ります。まあ、こういう流れで、さださんはいろんな方と出会い、いろんな人生と出会い、それが歌のバックボーンやコンサートトークのネタにもなります。

その夜はネタにならない出会いがありました。

スナックの先客の男性は、どうも堅気らしからぬ方。口調は穏やかながら、すごみがある感じ。席の並びは、私を挟んで右にさださん、左に男性。

「さだまさしさんじゃないですか?」

物語が始まってしまいます。最初はたわいもない会話でしたが、

「さださん、私は実はこのあたりを取り仕切っておりましてね。よかったら親交を深めていただいて」

などと始まります。おっと、これは、マネージャーの私が割って入ってなんとかする立場？　とは言え、もう私はビビっております。しかも私は二人の間に座っているわけで。

ところが、私の出る幕もなくさださんが答えます。さださんは毅然としています。毅然としつつ、明るい嫌みのない口調で、

「や〜めてくださいよ〜。そういう皆さんとはお付き合いできないのはおわかりいただけますよね？」

「そう言わずに、ねえ、さださん。ここは私の顔を立ててもらって」

「いや〜、ごめんなさい。もちろん、私はあなた自身に何かあるわけじゃないですから」

「さださん、私がこんなにお願いしてもですか？」

私は間でドキドキしています。

「いやいや、ごめんなさいねえ。私はそういうお付き合いをしないと決めておりまして、おゆるしください、ただの私の主義です」

さださんが明るくハキハキと、しかも嫌みもなく言うので、男性はもうそれ以上は押してこなくなりました。

毅然と生きる。しかも、ずっとその生き方を続けてくると、それが付け焼き刃やはったりに見えないのでしょう。付け入る隙なしと男性も感じたのだと思います。

その場に長居するのもお互いに気持ちもよくないでしょうから、少しだけ飲んでから早々にさださんはお会計を頼み、いったんトイレに立ちました。

さださんがいない間に、男性が私に話しかけてきます。

「お兄さんは、さださんところの若い衆？」

若い衆じゃないよなあと思い、

「あ、事務所のモノです」

と言いましたが、同じ意味だと気づきます。

そして男性は私に言いました。

「あんたも大した男に付いてるなあ、あんたも大変だろう？」

そちら方面の方に同情されてしまいました。なので、明るく、

「はい、大変です！」

と答えておきました。

泣きたい時はオイオイ泣けばいい

自分の軸、あり方、美学、そしてそれをつらぬく強さ。それがしっかりある人は魅力的です。かと言って、もともとそうでなくてもかまわないわけで。

「私って、すぐにブレちゃうのよね」

「もともと情けないタイプだし」

おそらくたいていの方はそっちですよね。おぎゃあと生まれてオムツの世話をしてもらい、人に手をひかれて育ってきた私たち、最初からしっかりしているわけがありません。大人になってからだって、誰しも情けないところも弱いところも持っています。それでもなお、「こうありたい」と思って過ごすところが、美しいのです。

強面《こわもて》の方の前でも毅然としているさださん。それも**「自分はこうありたい」**という**「あり方」でそうしているのであってもともとではない**ようです。それが近くにいるとわかってきます。さださんものすごいビビりだったり、弱かったりするのは僕らと同じ。ただ、**「こうありたい」という人生を、自ら選択して生きているの**だと。

スナックの男性に「大した男」と言わせたさださんですが、実はその帰り道、宿までの夜道で突然、千鳥足になりました。急に酔いが回ってきたと。で、

「松本ぉ〜、怖かったなあ〜」

と、ヘロヘロな笑顔で私に言いました。

「まさしさん、怖かったんですか？　見えなかったですけど？」

「怖いに決まってんだろ、あー、びびった」

なんともチャーミングな方。内心は私と変わらなかったのですね。それでも、毅然とした態度でいる。人の「あり方」というものを生身で教えてもらいました。

また、さださんは自称「泣き虫」です。ただ、泣いたところは見たことがありません。本人はよく、

「あの映画、もうね、オイオイ泣いちゃったよ」

「この小説、最後、号泣」

などと言っていますが、それも普段は毅然とされているゆえ、人前では涙も見せないのでしょう（にじんでいるのはたまに見ます）。

以前、さださんにこんなことを教わりました。

「誰だって泣きたい時はあるよ。そういう時は、オイオイ泣けばいいいんだよ。エーンエーンって泣いていいいんだよ。感情吐き出すのは大事だよ」

確かに人の心の中には、大人の心と、子どもの心があります。

私たちは大人の心で、一所懸命に毎日を過ごしています。こうしなきゃ、こうあるべきだ、これはいけない、こんなの無理だ、だけど頑張らなきゃ。そんなふうに、大人の心でキリキリと生きています。一方で子どもの心は、悲しかったり寂しかったり、楽しみたいのに楽しめなかったり、逃げ出したいのに捕まえられたりして、心の奥に押しやられています。あまりにしんどくなってしまった時は、子どもの心を出してあげることも必要。毅然と生きる「あり方」を支えるためにも、泣きたい時には大泣きすることも大切ですね。

さださんもそんなふうに、大泣きする時があるのだろうか？　きっと素敵な子どもの心をお持ちの方。それを解放する瞬間があるのだろうなと。そしてまた涙を拭いて毅然と過ごすさださんを思い、その毅然さがさらに美しく思えました。

その後、何年かして、私も実際に大泣きしたことがありました。

さまざまなことがうまくいかず、人を傷つけたり、人に傷ついたり、仕事は八方塞《ふさ》がりで、それでもあきらめることはできない。答えの出ない日々のあげくに、堰《せき》が切れ、涙が止まらなくなりました。

泣くことで何も解決しないものの、心は空《から》っぽにすることができる。

大人の心も子どもの心も過去も未来も、涙で押し出して空にできる。すると残るのは、空っぽの自分と空っぽの未来。ならば、また自分や未来を好きな色に染めていけばいいのだと気づきます。

泣く時はオイオイと、エーンエーンと泣いてしまいましょう。

時間は追いかけると逃げる、立ち止まればそこにあるもの

さださんのレコーディングで、ハワイのマウイ島に行ったことがあります。

当時のさださんは借金の返済のためもあり、一年中コンサートツアーで、ほとんどオフがありません。それでも、さださんのようにクリエイティブな仕事をする上では、オフの時間に好きな場所を旅して身体や心を休め、また刺激を受けることも大切です。忙しいスケジュールの中でも、毎年四月から五月頃に、年に一度の長めの休みがありました。

ところが、なかなかただでは休ませてもらえずに、その年もレコーディングを兼ねてのハワイ滞在となりました。ただ、実はそうなったのには特別な理由もあって、その時に作っていたアルバムタイトルが『夢回帰線』。

世界のあちこちの街を舞台とした切ない恋やささやかな人生、そして手放すことの

できない夢を歌ったものでした。ケニアのナイロビを舞台にしたあの名曲『風に立つライオン』もそのアルバムの一曲です。

ハワイのマウイ島を舞台にした曲もあり、では、日本でオケを録《と》っておいて、歌入れはマウイの風に吹かれながら、そしてさらには世界を渡る貿易風を感じながらにしよう、となりました。

歌入れは滞在中の二、三日、それも午後遅めからスタートです。それ以外の時間は、遅く起き出してゴルフをしたりドライブをしたりと、本当にのんびりと過ごしました。

その何日目だったでしょうか、すっかりマウイの風になじんできた頃です。

海に面したコンドミニアムの高層階。一番広いさだださんの部屋にスタッフが集まり、昼食を食べた日がありました。

スーパーで買い出してきた食材を、誰ともなく簡単に調理して大皿に載せ、冷えたビールをグラスにたっぷり注ぎます。大きな白いダイニングテーブルは海に向かって置かれています。テラスのガラス戸を全開にして、風を部屋に招き入れて。揺れるカーテンの向こうには、深い紺碧《こんぺき》の海と、抜けるような青い空。沖にはヨットの白い帆がいくつも見えます。

「あっ、今、沖で水煙が上がったろう？　クジラだよ」

さださんが沖を指差します。

「えっ？　どの辺ですか？」

「あの大きなヨットの先、ほら、また」

そんな会話と、ときどき食器の触れ合う音と、ビールを注ぐ音ばかりの時間。

さださんが、

「時の流れが、東京にいる時とまったく違うね」

と、グラスを置きながら言います。誰かが、

「これが同じ地球の上の時間だって言うんだから不思議」

などと笑います。さださんがまた、

「時間がさ、ゆっくりと目の前を流れているのが見えるような気がするな」

そしてさらに、

「時間が粒々になって、浮いているみたいだ」

確かに、目には見えない時間が、今は見えているように思えないでもない。

「時間ってのは、追いかけていくと逃げていくけど、立ち止まれば、そこにあるもんだな」

とても素敵な言葉。

さらには、

「追いかけたり、探したりしても見つからないものは、実は自分がもう持っていたりする。幸せとかもね」

幸せは、どこか遠くにあるものでも、苦労して探さなければならないものでもないのかもしれません。実は自分の手の中にある。

過ぎてゆく時間の大切さ。今、この時の大切さ。目の前にあるものの大切さ。そして目に見えないものの大切さ。それをマウイ島とさださんに教えてもらった気がします。

そんな素敵な時間が流れていたマウイ島の、さださんがレコーディングをしたラハイナの街。残念ながら今年の山火事ですべてが燃えてなくなってしまいました。

「故郷を失った気がして呆然としています。寂しいです。悲しいです」

と、さださんは自身のインスタグラムで語り、さださんが設立した公益財団法人風に立つライオン基金を通じて、すぐ支援活動を始められています。

仕事は誰かの喜びになるもの

私は企業研修をする時に、よく、

「自分の仕事や役割は何のため？」

と参加者に書き出してもらうことがあります。最初は「顧客満足のため」とか、「商品の品質を保つため」という、日々の仕事の目標のような言葉が並びますが、もう一歩踏み込んで考えてもらうと、結局、どんな仕事や役割も、

「誰かの喜びや笑顔や幸せのため」

というところに辿《たど》りつきます。すべての仕事は、誰かの喜びになるもの。

ホノルルの少し街外れ、ダイヤモンドヘッドにほど近いコロニーサーフホテルにミッシェルズというレストランがあります。

砂浜に突き出すほどの窓際の席では、ワイキキビーチを見渡せます。ディナーの頃

には海に沈む夕日を望める、ホノルルでも最高のロケーション。さだサさんの曲『虹の木』にも登場するレストランです。

マウイ島でのレコーディングの帰り、さださんに連れられ、スタッフ数人でミッシェルズに行きました。

ゆったりと夕日が沈み、次第に波打際が暗くなってくると、砂浜ではガス灯が一つまた一つと灯《とも》ります。

宵闇ぎりぎりまで残る群青《ぐんじょう》の空を、ホノルル国際空港（当時）から飛び立った旅客機が、信号灯を点滅させながら静かに渡っていきます。

そして、窓際ではピアノマン。

静かに、そして少し気ままに、鍵盤の上でやさしく指を躍らせます。私たちはテーブルを囲んで、語るでもなく黙るでもなく、夕景と静かな音楽と、ワインを楽しんでいました。

ふと、さださんが席を立って、ピアノマンに近づき、

「As Time Goes By, or Around The World」

とリクエスト。ピアノの上に置かれたチップ用のグラスに紙幣を残しました。

ピアノマンは、

「Ｂｏｔｈ（両方）」

と言って口元と眉で少し笑って、ピアノを奏で始めました。

先ほどまでとはまるで違う、深い感情を宿したメロディ。まるで謳《うた》うように、ピアノが響きます。

「さっきまでとまったく違いますね」

「そりゃそうさ、僕らという観客のために弾いてくれているのだから」

とさださん。

「やはり、そういうものなのですね」

「夕日がこんなに綺麗でも、夕日に向かって毎日歌えるかい？　聴いてくれる人がたった一人でもいれば、本気で歌えるんだよ」

「そして私たちも本気で聴かせてもらえるわけですね」

「そこが音楽のいいところだな」

音楽は誰かのために奏でるもの。自分を表現することだけれど、誰かの喜びになるためのもの。

どんな仕事でも同じです。仕事は誰かが喜んでくれてこそ自分の喜びとなる。誰かを幸せにすることで、自分も幸せになる。

ピアノマンは砂浜に寄せては返す大きな波のように、抑揚のある演奏で二曲を奏でてくれました。まるで私たちのこの時間を讃えてくれるかのように。

演奏が終わると、私たちのテーブルを中心に、先ほどまでは起こらなかった拍手が店内にあふれます。

ピアノマンは少し口角を上げて店を見回し、また、会話の邪魔にならないほどの静かなＢＧＭを奏で始めました。

人生の旅、いつか着くだろう、どこかに着くだろう

私は講演活動で全国を歩いてきました。飛行機や新幹線やタクシーの予約もスマホ一つでできてしまい、キャッシュレス、チケットレスでほぼどこでも行けてしまいます。また、スマホの地図のナビゲーションで、知らない街の会場にも迷わず最短ルートで着いてしまいます。

朝、講演で使うパソコンが入ったカバンとスマホだけを持って、通勤客と同じ電車に乗り、例えば羽田から広島へ飛んで講演をし、夕方にはまた通勤客にまじって家に帰ってくるとか。それはとても便利でいながら、何か取りこぼしている気がしてなりません。

さださんに付いていた頃、けっこうタフな移動がたびたびありました。

当時の公共交通機関では間に合わないので、夜中に車で長距離を移動しなくてはいけないこともしばしば。

タフな移動が必要ということは、その移動後にさださんは歌わなくてはならない、と言うことですから、さださんの体力が心配です。

そしてもちろん、毎日過酷なスケジュールのマネージャーも、夜を徹して運転するのは相当大変。

その頃、若手マネージャー三人の間で、

「またね、行《ぎょう》だよ、行。修行だね。移動の行」

なんて冗談で言いあっておりました。疲労や睡魔と戦いながら、精神を統一して夜の高速をひた走る。確かに、夜の深山を駆け巡って修行をする僧侶のようです。

じゃあ私たちマネージャーが運転している間に、さださんは明日に備えてお休みになっているかというと、根っからのオモシロガリでスタッフを気遣う方。ずっとしゃべり続けています。話に飽きると、

「じゃあ、しりとりするか。普通じゃつまんねえな。うんの付くしりとり」

「運の付く?」

「しんかんせん。せんすいかん。かんさいじん。みたいな」

これで車内は三〇分くらい盛り上がります。それも飽きてくると、

「退屈だなあ。俺、運転しようか」

と始まります。さださんは運転が好きな方。タレントが運転してマネージャーが助手席なんてこともよくありました。とはいえ、そんなタフな移動の時に、明日の仕事を考えたら寝ていて欲しい。それでも生来のオモシロガリは、言っても聞きません。

いつでしたか、大阪を夜遅くに出て、岡山あたりから山越えして鳥取あたりに入ったことがありました。高速を降りた途端に、

「俺、運転するわ!」

と、運転席を奪取されます。当時はナビなどない時代。地図を見て走ります。ただ、さださんはものすごくイメージ記憶の発達した方、けっこう自分の頭の中の「マイ地図」で走ったりします。

「まさしさん、次の信号、右です」

私が助手席で地図を見ながら言います。

「おう。ただね、まっすぐって手もあるんだよ」

「知ってるんですか？」

「ちょっと迂回《うかい》するけど、景色がいいんだな」

「夜ですけど……」

「ばかだね、お前、景色がいいってことは道が面白いんだよ」

行ってみたらば、超山道。崖沿いの道をくねくねと走ります。そりゃあ、昼間は景色もよかろうけれど、夜は怖さしかありません。

「いいねえ、車の中からでも星が見えるぞ、松本」

「空見てないで、前見て運転してください！」

「ヘッドライト消したら、もっと見えそうだな」

「やめてー！」

で、一瞬、本当にライトを全部消したりするどうにも困ったオモシロガリ。同乗者全員で悲鳴を上げておりました。これも含めて、マネージャーには「行」だったようにも思います。そんな旅をよくいたしました。

ある時、そんな山の中で道に迷ったかも？　ということがありました。運転しているのは私。

「まさしさん、この道、大丈夫ですかね？」

進むにつれて不安になります。そんな時に、さださんの器の大きさを感じます。

「まあ、いつか着くだろう」

いたって呑気《のんき》です。呑気なふりをしてくれているのかもしれません。

「いやあ、そうですけど、こっちでいいんですかねえ？」

私は、引き返すなら早いうちにと思います。すると、また、さださんは、

「どこか着くだろ」

どっかりと座っています。さらに、

「まっ、人生と一緒だな。最短ルートが最良ルートとは限らない」

とか付け足すので、

「深い！」

と感激しつつも、ひきつり笑いの私でした。

「いつか着くだろう」
「どこか着くだろう」

そりゃ間違いない。そう思えれば、人生という旅の中で、今をしっかりと楽しめるようになりますね。

ただ、あの夜、いつ、どこにたどり着いたのかよく憶えておりません。それでも翌日の仕事に影響した記憶もないので、きっとしっかりたどり着いたのでしょうね。

通勤客のように出かけて通勤客のように戻る、最短ルートの私の移動には、運のつくしりとりも深夜の崖っぷちを走るスリルもありません。

もちろん、いたずらに迂回することがいいわけではありません。

とはいえ、最良ルートはスマホの指示に従うだけではなく、「面白いかも？」という方向に突っ込んでいくことで、えてして何か見つかるものもありましょう。

一度だけ見た不動明王

「期待してるよ！」という言葉は、実は安易に人には使ってはならない言葉です。期待するというのは、相手を励まし応援する気持ちであり、可能性や明るい未来を思う気持ちですので、とてもいい言葉でありそうですが、一方であぶなっかしい言葉。

なぜかと言えば、期待とはあくまでこちら側の価値基準だから。

こちら側が勝手に、「あなたがこうしてくれたら嬉しい」「こうなってくれたら嬉しい」「これを実現してくれるのを待っている」と思っていること。こちらの望みであって、相手の望みではないかもしれない。それをよく表す言葉が「期待を裏切られた」です。

「勝手に期待しといて、裏切られた言うな！　大変なのはこっちやねん」・ですよね。

もちろん、相手と自分が同じゴールを目指してお互いに頑張っているなら「期待できるね！」というのも原動力になります。

そうは言っても人は誰も身勝手なものですから、勝手に期待をしてしまうもの。それが相手のプレッシャーにならないようには気をつけたいものです。

さださんも期待と戦い続けてきました。

昔、さださんは「曲作りが遅い！」などとよく言われていました。レコーディング間際になっても曲ができてこずに、アレンジャーやスタッフがひやひやするのはいつものこと。

自分の曲作りもそうですが、ほかの歌手から作曲を依頼されても同じでした。山口百恵さんの大ヒット曲『秋桜（コスモス）』の時もしかり。当時のトップスターの山口百恵さんや、業界トップのプロデューサーを、なんと二年も待たせたというのは有名な話です。

ただ、今となって、さださんの名曲の数々を聴けば、曲作りが遅いとかいうことではなかったのだとわかります。一つひとつの曲をギリギリまで磨きに磨いて、あの素晴らしいレベルに仕上げるために必要だった時間と言えましょう。

作り手は、いつも観客からの期待を背負っています。そのプレッシャーもすごかったとは思いますが、さださんにはさらに、自分の目指す音楽への期待があるのだと思います。

よく、さださんは、

「作者としての自分にとっては、音楽は作り終わった時に終わる」

と話してくれました。私たち観客が素晴らしいと絶賛するのは、作者にとってはもう過去の音楽。すでに終わったものであり、過去のさだまさしです。作者であるさださんは、常にまだ見ぬさだまさし、まだ見ぬ音楽を探して歩み続けています。観客以上に、自分に期待をしていく。いい意味で、観客を裏切っていく、**観客の期待を超えていく**。

私は一度だけ、さださんが徹夜で曲作りをしていた部屋に、しかも、まだ曲作りの最中の朝に入っていったことがあります。

さださんの自宅の離れ。「入っていいですか？」と障子越しに訊きます。「おう」との答え。障子を開けると、座敷机に向かってギターを抱えて座るさだまさんの背中。私はその部屋に満ちた集中力に弾《はじ》き飛ばされそうになったのを覚えています。何やらさださんの背中からは、不動明王《ふどうみょうおう》のような火炎が立ち上っているかのようでした。

「自分との戦いには負けられない」

これもさださんがよく口にしたセリフ。自分への期待、まだ見ぬものへの期待、自分との戦い。半世紀近くもさだまさしが支持されてきた理由がそこにあるのでしょう。曲が出来上がると、さださんは近くのスタッフや知人の誰彼となく聴かせてくれます。出来上がった喜びもある一方で、これでいいのか？ という不安もあるのかもしれません。聴いた私たちが、

「うわあああああ、めちゃめちゃイイですね！」

「感動です！」

と包み隠さず感動を表すと、さださんは照れたように、

「こんなんでいいの？」

と笑います。

「いや、こんなのじゃないですよ！　最高ですよ！」

と答えれば、

「そか、こんなんでいいのねー」

などと、とぼけた顔、かつ、安堵《あんど》されたように笑います。

おそらく、自分の目指したものへの期待が高く、そこにたどり着いているのか自分では確信が持てないので、「こんなんでいいの」となるのだろうと。

人の期待を超えるには、自分の期待に応えていけばいい。

えてして、私たちは人の期待に振り回されます。期待を裏切りたくないと躍起になってしまいます。場合によってはストレスになる。ならば人の期待を気にするよりも、自分に期待をしてしまう。そうしたら知らないうちに、人の期待も超えてしまいます。

さださんは昔、ツアーパンフレットの取材の際に、インタビュアーの私にこんなことを話してくれました。

自信てね、誰でも持てるはずなんだよ。

だって、たかだかの自分でしょ、限界があるんだから。

だから、**限界に挑もうとすることが、自分を信じる、自信**でしょ。
見えない自分におびえていないで、自分を確かめに行ってやる。
そうこうしているうちに、限界を超えてしまう時がある。
精いっぱいという意味で、僕は自信を持っています。

この命の使い方

「自分は何のために生まれてきたのだろう」

ふと思うことがありますよね。そして、自分は何をすべきなのか、自分は何かの役に立つのだろうかと、その存在理由がゆらぐこともあります。

使命とは、命を使うと書きます。誰かのために、何かのために、そしてもちろん自分のために、この命をどう使うか?

それに迷い始めたら実は答えは簡単です。誰かのために、何かのために、そしてもちろん自分のために、この命を使えばいいだけ。

それがどんなに小さなことでも、自分にしかできないことならなおいいし、自分「でも」できることでもいい。命とは私たちに与えられた時間。であれば、与えられた時間をしっかりと使えばいい。

さださんも今、自分を使い切ろうとしています。

「さだまさしにはまだ利用価値がある。だから今使わなくてどうする」

さだささんがそう言い始めたのは、東日本大震災の直後でした。

現地の映像をテレビで見ながら、

「音楽家は無力だ」

と、最初は思ったと言います。今必要なのは人の手。被災者を助け、瓦礫《がれき》をどけて、泥を掻《か》き出す人の手だけが必要。音楽家の自分にできることは何もないと思われました。

あの年の五月に、さださんは笑福亭鶴瓶さんと石巻に入りました。

「なんかせにゃな」

「一緒にいこか」

ということから起こった話。まだ車と船が重なって路地を埋めていたような頃です。避難所で鶴瓶さんが落語をしたあと、さださんは重たい気持ちで歌いました。『関白宣言』『秋桜』『雨やどり』など有名な曲を歌った後、会場からリクエストがあり、『関白失脚』という、少しコミカルでいながら、最後に「がんばれ　がんばれ」と小さな人生を応援する曲を歌いました。

子どもたちは笑顔で「がんばれ　がんばれ」と合唱し、大人たちは泣きながら「がんばれ　がんばれ」と手拍子をして歌ったといいます。

「さださんの歌で、震災のあと、初めて泣いた。エネルギーが出た」

という方がいました。**人はエネルギーがないと、泣くこともできない**。そして、泣くか笑うかでしか、エネルギーが出ない。ならば、音楽にも役割があるのだと、さださんは思ったと言います。

「音楽は無力だけど、心を少しだけ動かすことができる。心が動けば、身体が動きだす。身体が動いて何かをすれば、身体が疲れるから眠れる。眠れたらまた、翌日元気が出る」

そう信じて、さださんは震災の年、月に二、三度の休みの日のすべてを被災地で過ごしました。折り畳んで小さなケースに収まって背負える特別なギターを持って。

「平仮名のさだまさしというのは、僕にとっては虚像。実態の佐田雅志とは別のもの」

さださんは昔からよくそう言っていました。

実は震災の二年前、私はさだきさんたちと奈良の十津川村を旅しました。その時もそんな話をしながら、

「そろそろ平仮名のさだまさしも、ゆっくりと着陸する年に近づいてきたかもな」

なんて言っていたのを思い出します。ところが着陸はまだ先に延ばしたようです。

「自分がこうして有名にさせてもらったのは、おそらくこの時のためなのだと思う。虚像だと思っていた平仮名のさだまさしも、東北で歌うと元気になってくれる人がいる。まだ、さだまさしには利用価値がある。ならば、それを今使わないで、いつ使う？価値があるうちに使えよってやつだよな」

震災の年の暮れの頃、そんな話をしてくれました。

さださんのように、多くの人たちを元気にすることは私などにはできないものの、きっと私にも何かの利用価値がある。この命の使い方がある。そんなふうに思わせてもらいました。

誰にもきっとできることがある。

自分にしかできないこともある。

自分でもできることがある。
この命の使い方がある。
せっかくですから、使い切ってしまいましょう。

見えない贈り物 Ⅳ

かけがえのない小さな幸せ

本当に価値のあるものは、見えないものにある

この本を読んでいただいているあなたは、ずっと活字を目で追ってくださっていま す。

ただ活字を目で追うだけであるのに、例えばそこにさだまさしの横顔を思い描いたり、私たちとともに旅をしてくれたりしているのではないでしょうか。本当は目に見えないものなのに見えてくる。目に見えないものほど、印象に残ることがあります。

さだまさしはNHKで『今夜も生でさだまさし』という番組を長いこと続けています。とても不思議な番組です。通常ならばテレビ局は視聴者を飽きさせないようにと、取材VTRや再現シーンなど、目に訴えるものをふんだんに盛り込みます。ところが、『生さだ』は、さだまさしを含め男性三人が机に座って延々とはがきを読んでいるだけ。つまりはラジオ番組をテレビが中継しているというような型破りな番組です。なのに

十七年続く大人気番組です。

さださんはずっとラジオにこだわってきました。

制作マネージャーだった私の毎週のルーティンワークは、文化放送の土曜の深夜放送『さだまさしのセイ！ヤング』と、同じく文化放送の平日の昼の帯番組『さだまさしのラジオまっぴるま』でした。当時、さださんはそのトークの面白さからテレビ番組からもたくさんのオファーがありましたが、その時代は徹底的にラジオにこだわっていました。

「見えないものが面白いんだよね」

「想像力で手にしたもののほうが、圧倒的に心に残る」

「想像したものの方が、真実に近かったりするよね」

放送のあと、番組ディレクターや放送作家さんと談笑しながら、さださんはよく語っていました。

私ももともとは、デビューしたばかりのグレープ（さださんと吉田政美さんのフォークデュオ）の「グレープのセイ！ヤング」で、さださんの魅力を知りました。中学一年の時です。

その番組の中で、グレープがツアー先で録音してきた「遠くへ行きたい」という紀行のコーナーがありました。映像もなく、音としゃべりだけで伝える知らない街。不思議なもので、行ったこともない街の風景が鮮烈に心に残ります。

例えばふたりが九州の久大本線に揺られ、大分から福岡に移動する様子を放送した夜がありました。途中、日田で降りて駅前の街をぶらぶらとしながら、街の様子を伝えてくれます。中学生の私は深夜の布団の中で、行ったこともない九州の、日田という名前も知らない街を思い浮かべます。駅前の広場。荒物屋の店先。

いつか行こうと願いながら何十年も経ちましたが、ある年に実際に行ったその街が、想像と違わないことに驚きました。あの夜、思い描いた街並み、川の流れ、青空。

「想像したもののほうが、真実に近かったりするよね」

中学生の心に鮮明な風景を残していくラジオの素晴らしさをあらためて知ります。

想像力といえば『さだまさしのセイ！ヤング』で、ブレイク寸前のマリックさん（超魔術Ｍｒ・マリック）をゲストに呼び、なんとラジオで超魔術を披露していただいたことがあります。まだ世間のほとんどの方がマリックさんを知らなかった時代です。今のように番組ホームページもあるわけでなし。マリックさんの出立《いでた》ち も、スタジオの様子も、超魔術自体も視聴者にはまったく見えません。ほとんどがさださんやスタッフたちの、

「うわ！」「ひょえー！」「ぎゃーーーーーーー！」

という驚きの絶叫だけ。にもかかわらず、リスナーたちには大好評の放送となりました。

ラジオでマジック。普通に考えればありえない企画。なのに伝わる。

「見えないものが面白い」

考えてみたら、さださんの歌詞の世界も見えないもの。音楽だって見えないもの。

人の言葉も見えないし、人の心も見えません。元気も勇気も、優しさも愛も見えません。ですが、本当に価値のあるものは、見えないものにある。それはどうやら間違いないことのようです。

さださんはセイ！ヤング終了から二六年ぶりの令和四年、名古屋の東海ラジオで

『1時の鬼の魔酔い』という番組を始めました。「忙しいのに何もラジオを！」「しかも名古屋まで行って！」とスタッフに止められながら。

さださんはきっと、見えないものこそ、本当に大切なのだと、身体で感じているのだと思います。

忘れがちな「ささやかな幸せ」

ほめ達の東京事務所は足立区にあります。自宅から歩いていける場所です。ほめ達の本部は大阪にあり、東京は私一人だけの事務所です。少し前までは品川駅のすぐそばにありました。コロナ禍でオンラインが増え、品川まで行く必要がなくなり移転しました。

口の悪い同級生が、「なんだ、港区から足立区かよ。派手な都落ちだな」などとからかう一方で、先日地方の知り合いが、「東京に事務所なんて羨《うらや》ましい！」と言われ、妙な感覚になります。なんだかこの国には、地方から東京都心に向けての、見えない傾斜でもあるような気がします。ステータスというものでしょうか。けれど、それで幸せが左右されるものではないですよね。

ある日、知り合いが事務所にみかんを送ってくれました。生活感のない事務所でみかんの皮をむくと、目の覚めるような香気。贈ってくれた方のことも思いながら、ささやかな幸せを感じました。足立区で食べるみかんと、港区で食べるみかんと、どこか知らない街で食べるみかん。そのかすかな香気ほどのささやかな幸せに、何か違いがあるのでしょうか。幸せとは、いつでもささやかなもの。

さださんもずっと「ささやかな幸せ」を歌ってきました。

ささやかな暮らし、ささやかな思い、ささやかな恋、ささやかな人生。

ささやかではあるけれども、尊いもの、素晴らしいもの、大切なもの、力強いもの、愛すべきもの、偉大なものを、歌い続けてきました。

そして、ささやかな一人ひとりが肩を寄せ合って生きていくぬくもり。その象徴として、家族を歌うことが多いのだと思っています。

私の持論ですが、さだまさしは時代や日本に必要とされて登場したのだと思います。さだまさしがグレープとしてデビューしたのが、一九七三年。この年は第一次オイルショックの年、つまりは高度経済成長の終焉《しゅうえん》の年。日本が戦後の復興から豊かさを目指して駆け上ってきた時代が、一度終わろうという時でした。もっと言えば、明治維新という日本の産業革命から走り続けた私たちが、ふと我に返った時なのかも知れません。

幸せになろうと家族や故郷を後にして働き続けて、ふと気づけば、心のつながりをなくし、心おだやかにいられない毎日。核家族率のピークは一九七五年。そして学校では校内暴力が始まります。まさに私がグレープのレコードを聴き始めた中学生の頃、学校では同級生が教師を殴るなどという騒ぎが起こり始めました。

誰もが心のよりどころを失くした時代に、現れてくれたのがさだまさしでした。

家族への回帰。ささやかな幸せへの回帰。それを助けてくれたのが、さだまさしなのだと思っています。

当時のさだまさしの大ヒット曲の多くには家族が登場します。『無縁坂』『案山子』『秋桜』『親父の一番長い日』などはまさに家族の歌ですが、たとえそれが男女の恋愛を中心とした歌であっても、必ず家族が歌い込まれています。

●精霊流し

「私の小さな弟が　何にも知らずにはしゃぎまわって　精霊流しが華やかに 始まるのです」

「あなたの愛した母さんの　今夜の着物は浅黄色　わずかの間に年老いて　寂しそうです」

●雨やどり

「そんな馬鹿げた話は今まで聞いたことがないと　ママも兄貴も死ぬ程に笑いころげる　奴らでして」

●関白宣言

「お前の親と俺の親と　どちらも同じだ大切にしろ　姑小姑かしこくこなせ　たやすいはずだ　愛すればいい」

心を寄せ合い、肩を寄せ合い、ささやかに生きる家族や、ささやかな毎日に幸せがある。それを思い出させてくれたのが、さだまさしでした。

ところが、一九八〇年代に入り、時代が再びバブル経済へと駆け上がっていく中で、日本人はまた、ささやかな幸せを忘れていったのか、さだまさしの歌は、ヒットチャートに上がることが減りました。「さだまさし、暗い」などと言われた時代です。

ただ時代がどんなに変わっても、ささやかな幸せが不必要になることはありません。なぜならば、どんなに暮らしがよくなり豊かになろうと、幸せとはいつも、ささやかなものだから。私もあなたも、どこまでいってもささやかな存在でしかないのだから。

だから、さだまさしは、どんな時代にも必ずずっと必要とされてきました。そして今まさに、本当に必要とされているのではないかと。

甚大な自然災害が毎年のように起こり、感染症に世界中が脅かされ、まさかこの時代に戦争まで起こります。積み上げてきた「当たり前な暮らし」が一瞬にして消えてしまうことを、私たちは知りました。

結局のところ、私たちの幸せは、これまで手に入れたモノや、手に入れたいおカネの中にあるのではなくて、どんな時にでも私たちの中にある、ささやかなことなのだと気づきます。ささやかなぬくもりや、ささやかな心のうるおいなのだと。

ただ、そうはわかっていても、私たちは毎日に振り回され、時代の濁流に押し流されていってしまうのも仕方ないこと。

そんな私たちに今また必要なのが、さださんの歌うささやかな幸せなのだと思っています。

ささやかで偉大な活動

二〇一五年に、さださんは「風に立つライオン基金」を立ち上げました。災害被災者の支援や僻地《へきち》医療で頑張る方たちを応援するための公益財団法人です。

さださんは一九八二年の長崎水害や、一九九一年の雲仙・普賢岳火砕流など、大きな災害が起こるたびに、チャリティコンサートを開き、寄付を募って被災地に届けていました。ですが、二〇一一年の東日本大震災から各地での水害や地震と大災害が続く中、「災害が起こってからでは間に合わない」と、基金を立ち上げました。

我々は、小さな『志』の集合体です。
我々は、災害に苦しむ人を支援します。
我々は、ささやかで偉大な活動を行う人を応援します。

我々は、大切なひとの笑顔を護《まも》るための「平和」について考え、活動します。
一人一人の小さな思いが、沢山の小さな生命を支えられることを信じます。
「風に立つライオン基金」はその為の組織です。

二〇一五年　夏　さだまさし

公益法人としたのは公益性や透明性を保つため。さだきん自らも「小さな志」の一人として、水害や地震が起こるたびに自ら支援物資を持って避難所に足を運び、汗を流して活動されています。

この「風に立つライオン基金」の活動の一つに「高校生ボランティア・アワード」があります。全国の高校生たちの「ささやかで偉大な」活動を応援するイベントです。毎年一〇〇校以上の高校生たちが集まり、日頃の活動を展示会形式でブースごとに発表します。ボランティアの甲子園とも言えますが、もちろん活動に優劣があるわけではありません。「高校生たちのささやかな活動がいかに素晴らしく偉大なことか、ほめてあげよう！　応援してあげよう！」というイベントです。

ボランティアと一口に言っても、高校生たちのアイデアや行動力は多用で素晴らしいものばかり。日本で廃棄される車椅子を工業高校生が修理・リメイクしてアジア各国に届ける「空飛ぶ車椅子」や、女子高生が在学中に髪を伸ばすことだけで、お金も手間もかけずに医療用ウイッグに髪を寄付する「女子高生へアドネーション」。また、高齢者ばかりで脚立《きゃたつ》での受粉作業が難しくなったサクランボ農園で、ドローンからの噴射で短時間に受粉をさせてしまう最先端の発想まで、目を見張るものばかり。ボランティアを超えて、地域創生や日本の未来作りの活動となっています。

高校生の「ささやかで偉大な活動」の中で、二〇二〇年にこのような活動もありました。福岡県にある直方特別支援学校。そこに通う「肢体不自由教育部門」の生徒たちのボランティアです。つまり、身体に何らかの障がいがあり、手や足が利かず、車椅子生活や寝たままでの生活をしている生徒たち。普段は支援される側にいます。

そんな生徒たちが、「私たちも誰かの役に立ちたい！」とボランティアに取り組みました。「けれど、いったい私たちに何ができるのか？」と全員で考えました。

「手は動かない。足が動かない。起きることができない。けれど私たちは、話を聴くことならできる！」と、高齢者施設での傾聴ボランティアを始めました。

お年寄りのみなさんは、若く一所懸命に頑張っている高校生たちに話を聴いてもらい、また高校生たちの話を聴くことができ、とても笑顔になってくれたと言います。

高校生たちも「自分にも誰かの役に立つことが見つかった」と、これを第一歩として、さらに人に喜んでもらおうと歩み始めたと。

ささやかで、偉大。

彼らの姿に、心を打たれ、また勇気をもらえます。

一人ひとりのできることは本当にささやかだけれども、それは誰かにとって、自分にとって、大きな価値のあることなのだと、高校生たち、そしてさださんが教えてくれます。

ささやかなことが集まると、さらに驚くほどの何かが生まれてくる。

背伸びをすることはない。

ささやかでいい。ささやかでいい。

目の前の、ささやかなことを、大切に。

ゆく週くる週

時代の速度はどんどん増しています。月日は驚くほど早く過ぎていくように思えます。さらにコロナ禍で自粛の期間などは、日々代わり映えがしないのに、なぜかあっという間に季節が過ぎていきます。うかうかしているうちに、時間ばかりが過ぎていくと不安になります。いのちとは、私たちに与えられた時間のこと。大切に過ごしたいと思いながら。

一日一日を大切にするために、寝る前にその日あったいいことを三つ思い出すことをおすすめしています。いいことにフォーカスするのは、脳科学的にも効果がありります。脳は注意を払ったことを探しやすくなる。悪いことばかり気にすれば、どんどん悪いことを見つけてしまいますし、いいことを探せば、どんどんいいことが見つかります。

ただ、毎日これをするだけよりもさらにいいのは、週の終わりにもう一度振り返って、その週を味わい、そして希望をもって来週を迎えること。これもさだまさんに教わったことです。

二年前、NHKの『生さだ』の時間帯が変わりました。それまでは土曜の深夜十二時を回ってからのスタートでしたが、繰り上がって十一時五〇分スタートになりました。そのおかげで、何十年ぶりかで復活したコーナーがあります。

「ゆく週くる週」

昔、文化放送の『さだまさしのセイ！ヤング』で週をまたぐ時間にあったコーナーです。

「あなたにとって、今週はどんな一週間でしたか？　来週はどんな一週間にしましょうか？」

ただそう語りかけるだけの、ほんの三〇秒ほどのコーナー。実はこの三〇秒が、私たちの人生をとてもゆたかなものにしてくれます。

週の終わりに、その一週間を振り返る。いいことばかりではなかったかもしれません。それでも、もう二度と戻らないこの一週間を自分の心に刻みます。いいことはもう一度しっかり味わって、つらいことは自分の成長だと思えばいい。

そして来週、まだ見ぬ一週間に希望をもって、週の境目、午前○時を踏み越え、前を向いて歩いていく。自分にとってかけがえのない時間になります。

『生さだ』はまた放送日が変わり、現在金曜日の夜となって、このコーナーはなくなりましたが、ぜひ、「ひとりゆく週くる週」お試しください。

与える人の手のひらには、必ず何かが生まれてくる

普段なるべく笑顔でいるように心がけています。もともとそれほど笑顔が得意でもなかったので、いっとき毎日、風呂場の鏡で練習したこともありました。すると、たまに「松本さん、いつも笑顔ですね」なんて言われるようになって、嬉しいものです。

ただ、この笑顔やプラスの感情について、不思議な思いになることがあります。

というのは、私たちは普段、笑顔やプラスの感情になる食べ物を何か選んで食べているわけではない。笑顔になるビタミンとか、プラスの感情になる野菜を選んで食べているわけではない。なのに笑顔になれる。プラスの感情になれる。もちろん、逆に無表情でもいられる。じゃあ、この身体のどこからそれが湧いてくるのでしょうか。不思議ですよね。

さださんは笑顔とプラスの感情、さらにはサービス精神あふれる人です。

コンサートも時間いっぱいしゃべって歌って、レギュラーのラジオ番組でも目いっぱいしゃべる。そしてコンサートや番組の後には、それと同じくらいの時間をスタッフと飲みながらまたしゃべって笑って。同行している私は、たいした仕事もしていないのにすぐに電池が切れかかっておりましたが、さださんはいつまでも切れません。どこからそのエネルギーが湧いてくるのかと、いつも驚異に感じておりました。

そんなさださんもたまにはゆっくりという時間があります。私はありがたいことに、そんな時間に同席する機会も多かったように思います。

ある時、名古屋でのコンサートの打ち上げの後だったでしょうか、ホテルの部屋に戻るとさださんから電話がありました。

「松本、飲みにいくか?」

打ち上げでもあんだけ盛り上げて、まだ飲みに? どんだけ元気? と思いながらも、二つ返事です。

「すぐに下ります」

そして二人で夜遅い栄の繁華街へ。

「ここにしてみる？」

「まさしさん、知ってる店すか？」

「知るわけないだろ」

入ってみたら、とてもいい雰囲気のバーでした。鼻が利くのもさださんです。カウンターに二人すわって当時よく飲んでいたバーボン、オールドグランドダッド114を頼みます。

さださんはグラスの氷をカラカラとさせながら、相手が私ゆえサービス精神もさほど発揮せず、それでもいろいろな話で夜も更《ふ》けていきます。

ちょうどその頃、『恋愛症候群』という歌がヒットチャートに上がっていました。恋をした時の今でいうあるあるネタで、さださん得意のコミカルな曲です。とはいえ、曲の最後はとても切ないラブバラード。こんな歌詞も歌われています。

相手に求め続けてゆくものが恋　奪うのが恋
与え続けてゆくものが愛　変わらぬ愛

当時、私は二十代もなかば、まだまだどれが愛でどれが恋だかよくわからぬ頃でしたが、この歌詞はとても胸にストンと落ち、またジワリと沁《し》みました。

そのバーで、そこそこ酔いもまわってきた私は、

「まさしさん、やっぱり、与えるのが愛ですよねえ。いやー、いい歌です!」

などと、作った本人を前に力説しておりました。すると、さださんは、この歌を補足するように、グラスを揺らしながら、こんなことを語ってくれました。

「松本ね、**求める人、欲しがる人は、手のひらいっぱいに持っていても、もっと欲しがるんだよ。でね、与える人は、手のひらに何も持っていなくても、与えようとするもんなんだよ。**そしてね、**与える人の手のひらには、必ず何かが生まれてくる**もんなんだよ」

恋愛に限らず、常に与える人でありたいもの。

私たちのこの小さな身体には、さほどたいしたものは詰まっていないかもしれません。それでも、誰かを愛する思いは無限に生み出すこともできます。

笑顔も、プラスの感情も、それを誰かに与えていけるなら、いくらでも湧き出させることができます。

意外と、私たちって、捨てたもんじゃないかもしれません。

ゴルフと人生は、うまくいかないから面白い

ある日、さださんとゴルフをした時のこと。

その日のさださんは珍しく調子があまりよろしくなく、いつもより苦戦しているようでした。人には優しいけれど自分には厳しいさださん。ちょっとイライラしているかな？　と思っていた矢先のこと、池ぽちゃ!?

あらら－、入っちゃいましたよ－、と私は後ろで見ながら、どんな声をかけるべきかと瞬時の迷いの中、さださんが振り返って言います。

「なんて面白いんだか（笑）」

笑ってるし。

「ま、まさしさん、よくここで、そんなこと言えますね」

「うまくいかない。だからゴルフは面白い。人生と同じだ！」

すごい人だとあらためて思いました。

『うまくいかない。だから面白い』

そんなふうに思ったら、人生のすべてが面白くなってしまいます。

普通であれば、「最悪……」「もう何やってんだか！」「今日はダメだね」「何でここに池つくるんだ！（これよく聞きます）」とかになりそうなものを、「なんて面白いんだか（笑）」

そうですね。人生は、うまくいかないから面白い。

アプリを立ち上げた瞬間にコンプリートできてしまうゲームがあったら、面白くないですし、誰もやりません。

うまくいかない、ハードルが高い、自分にまだまだ成長の余地があるということは、チャレンジしがいがある。そう考えれば、誰だって自分の人生を楽しめますよね。

「ここんところ、なんだかうまくいかないな……」

と思ったら、それは自分の人生の面白さや成長の種が、顔を変えてやってきているのかもしれません。

で、さださんは笑顔のまま、打ち直し。
こんどは綺麗に池を越えて、ボールはフェアウェイのど真ん中に転がっていきました。

納豆一粒を全力で楽しむ

天才と凡人の差ってなんだろう？　できる人と普通の人との違いってなんだろう？　それは生まれもった能力なのか？　それとも、何か分かれ目があるのだろうか？

実は私がそれを真剣に考え始めたのは、この十数年のこと。それまではひたすら凡人路線をまっしぐらで歩んできたもので、自分が天才はおろか、できる人にもなれはしないだろうと踏んでいました。頑張ったところで「そこそこ」な人生なのだろうと。

ことに家業のガソリンスタンドがダメになって、四五歳で損害保険の代理店研修生、つまりは営業社員になった時は、まったく売れず。歩合制の給与が月に二千円、なんて時には、「そこそこにもなれんのか……」とずいぶんとうなだれておりました。小さかった息子たちの寝顔を見ながら「お父さん失格だな」なんて、眠れない夜も続きました。

ただ、そんな中で、とても小さな行動や言葉を変えただけで、世界が大きく変わることを知りました。

例えば、お客さまの前で「すみません」という言葉を減らし、「ありがとうございます」を増やすようにする。不思議なもので、ただそれだけで、お客さまとの関係がいい方向に変わり始めました。実はこれは、天才営業と言われていた私の先輩の電話を聞いていて気がついたことです。先輩は電話でやたらと「ありがとう」と言っている。クレームをもらっても「貴重なご意見をありがとうございます」と言っている。ならば私も真似てみよう。そんな小さなことを発端に、私も次第に売れる営業となり、トップ集団に入ることができました。

天才になれるかどうかはわかりませんが、天才の真似をすることはできる。

そしてその天才の秘密は、意外と小さなことに隠されています。例えば……。

さださんは、納豆を食べる時に、ぜったいに茶碗を納豆で汚しませんでした。和食の朝食、ことに納豆が大好物のさださん。納豆をご飯の上に載せて食べる時に一粒も茶碗に落とさない。

聞けば、決して几帳面《きちょうめん》でそんなことをするのではなく、バイオリン修業で中学生から東京で一人暮らしをしていたために、

「茶碗洗うの、面倒だろ？　水道代も余計にかかるし」

という理由で極力茶碗を汚さない。実際のところは納豆のねばりは水溶性で、すぐ落ちます。茶碗は必ず洗うのだから大きな問題ではありません。それでもさだfavorさんは
納豆一つとっても「何をするのも全力で楽しむ」人。

「この納豆の一粒だ！　これを絶対に落とさない！」

納豆に全力をそそいでいます。もちろん面白半分、いや面白全部。まさにゲーム感覚で、「今、を楽しむ」。

その一所懸命さ、何ごとにも全力投球。目の前のこと、今、ここに集中して過ごす。すべてのことを楽しむ。だから、人生の密度が濃くなる。だから、あんなに素晴らしい歌やトークや小説が生まれてくるのだと思います。

それを聞いて、私は今まで何度も。

「よっしゃ、今日は一粒も納豆を茶碗に触れさせないぞ！」

と食べはじめたのですが、ついついほかのことを考えて、ポロリと一粒。

「このあたりが、天才と凡人の差？」

と何度思ったことか。結局やりとげることもなく、気がつけばすっかり忘れて、いつものように茶碗を納豆のネバネバだらけにして食べています。何ごとも中途半端で、意識もせずに過ごしていたら、天才への道ははるかに遠い。

ただ、最近は私も少し大人になりました。

「いやいや、天才と凡人の差は、ここであきらめるか、チャレンジし続けるかどうかだ！」

と、先日久しぶりに挑戦し一粒も落とさず完食。数十年越しの夢を実現しました。

目の前のことに集中する。今を生きる。今を楽しむ。そして人生を楽しむ。

簡単なことではないように思えますが、朝、納豆の一粒と向き合うだけで、この先の人生、まだまだきっと大きく変わっていくことでしょう。

ご飯は身体を作る、勉強は自分を作る

数年前に久しぶりにさだまさしさんと飲んだ時のこと。

この方にはやはりかなわない、と思うことがまたありました。詳細はいつかご本人の口から語っていただくことにして、

「あの作家にはまいったな。結局、今年、終わらせられなかったよ」

さださんは毎年、四月から十月の半年の間に、一人の作家の作品を読み切ると言います。昭和の文豪であったり詩人であったり、強烈に興味を抱いた科学者であったり。

「今年はこの人」

と決めて、半年の間にその人のすべての作品を読み切る。そして、十一月以降に、自分としてのその作家論を書いておく。

インプットして、アウトプットする。

「ま、まさしさん、まだそれ続けているんですか!?」

私が制作マネージャーをしていた大昔。三十年も前にも、さださんからそんな話を聞いたことがあります。当時、さださんは、三十代なかば。数年前に飲んだその日は、六十代後半。

その間ずっと、同じように毎年テーマを決めて、誰か一人の作家と向き合ってきたなんて。

今年は満を持してある作家に取り組んだものの、ある一冊の作品の重さ、深さに、読み切ることができなかったそうです。

「当たり前だろ、**一生勉強**だよ。勉強することで自分を作る。勉強しなくなったら終わりだよ」

同じセリフを三十年前、私がスタッフだった頃にも聞いたように思います。

「俺たちは走り続けなければならない。**走るためには、ご飯を食べなければ身体が動かない**。同じようなもんで、勉強しなければ、俺たちからは何も生まれてこないんだよ。**勉強は、自分を作ること**」

さださんに言われた記憶が蘇《よみがえ》ります。

「すごいですね！　まさしさん！」

その時もそんなふうに私は言ったように思います。

さださんは、あの頃とまったく同じように、文学や、世の中や、人生に対して謙虚に、真摯に、力強く学び続けていました。

ご飯は身体を作る。勉強は自分を作る。

ひょっとしたら、自分はもうひからびちゃっているかもしれないと、さださんの様子を見るたびに思います。

ただ、もう私もこの年になってくると、さださんに追いつけもしませんし、若いアスリートのようにはご飯も食べることができません。とはいえ、自分なりのペースで、ご飯を食べる、勉強することはできるのでしょう。

今日読んだ一冊の本が、未来の私を作っている。

そう思うと、いい感じに食欲も湧いてくるように思います。

人生という図書館

私たち人類が急速に進化したのは、自分たちの無知に気づいてからだと言います。

「えっ？　世界って平たいんじゃないの？　丸いの？」

「太陽がまわってるんでなくて、地球がまわってるの？」

「西に進めばインドだと思ってたら、これ、新大陸なの？」

なんだ、知らないことばっかりだ！　と気づいた瞬間から、私たちの可能性の扉が開きます。

自分の無知に気づくと言うと何やら自分が劣っているように思えますが、実は無知を理解することは魅力的なこと。その瞬間に新たな世界が見えてきます。

本との出会いもまたしかり。

「うわっ！　なんで今まで知らずに過ごしてきたのだろう！」

自分の目から剥《は》がれるウロコは、本の数だけありそうです。

私はもともと本好きではありませんでした。そんな私が本を読むようになったのも、さださんの影響です。

当時、さださんは、ハンティングワールドのショルダーバッグをいつも右肩にかけて登場します。そのバッグは本でパンパン。なのでモスグリーンのそのバッグは、本当にハンティングに行ってきたかのようにボロボロでした。さらに書店に寄るたびにまた数冊本を買い、肩にはショルダー、両手に紙袋、と、およそ有名芸能人らしからぬ風情《ふぜい》で登場します。

さださんは数冊を並行して読むようです。

「面白くなければ途中で閉じる。本は無理に最後まで読まなくていい」

本に対して強いリスペクトを持ちながら、本との付き合い方も上手な方です。

その付き合い方が身についたのは、子どもの頃の図書館だったと聞きました。幼稚園に行かなかったさださんは、近所の友だちが幼稚園に行っている間、図書館で過ごします。書架から面白そうな本を引き抜いてきて、面白くなければ書架に戻し、違う本をまた引き抜く。その毎日を過ごす間に、本に対してのハードルが下がり、本を愛するようになれたと言います。

「人生でなしとげたいことは、図書館の本を全部読み切ることだよ」

以前、さださんが言われたことがあります。

「図書館の本を全部読めたら、ものすごい人生になるぞ」

確かにその通りですね。書架に並んだ本の数だけ、自分の可能性がある。図書館の本を全部開いて読むことができたら、この世界のすべての扉を開けることになるかもしれません。

一度きりの人生。私たちは人生というこの世界へ旅をしにきました。せっかく訪れたこの世界、できるだけ知り尽くして帰りたいですよね。

「とはいえ、全部は読みきれないだろうけどね」

さださんは付け加えながら、

「まあ、どれだけたくさんのページをめくれるか？　人生という図書館も同じだな」

さださんは何かと人生にたとえます。ご自身が一所懸命に人生を生きていて、また、周りで一所懸命に生きる人生を見ているからなのだろうと。

人生という図書館。可能性という本を手にとり、一ページめくる。すべてはそこからですね。

焚き火に学ぶ人生訓

さださんとキャンプに出かけたことがありました。

私はもうさださんの事務所を辞めた後でしたが、さださんのレコーディングに遊びに行った時のことです。

「明日で歌入れも終わるからさ、みんなでキャンプ行かねえか？」

ずっと曲作り続き、レコーディング続きでへとへとのはずなのに、相変わらずパワフル。さださんと当時のマネージャーさんたちと私、総勢男六人でワンボックスカーに乗り、二泊三日のキャンプに出かけました。

彩《さい》の国の秩父の奥、中津川村で一泊したあと、三国峠を越えて甲斐《かい》の国の尾白川で一泊。キャンプ場ではずっと飲み続けながら、ひとり一品は食事を作るルールでした。

ただ、結局のところ、学生時代にバイトなのに小料理屋を一人で任されていたこともあるというさださんの料理がうますぎて、ほぼさださん任せで私たちはいつもの通りもてなされてしまいます。

二日目の夜、料理の後片付けも済んで、焚《た》き火を囲みながらゆっくりと飲む時間がありました。その時のそぞろ語りがあまりによく。実はその模様を私はこっそり録音しといて、後日、さださんの許可を得てファンクラブ用に提供しました。以下、その夜の実録です。

さだ「火っていうのもね、こうやってずっと見ているると不思議に思えるよね。一番最初に紙くずまるめてさ、小枝に灯した、頼りない、はかない、点いたのかなあ、点いてないのかなあっていう火とさ、おんなじ火だっていうのが既に不思議だよね。ともした火なんだから。ともさなかったらないものなんだから」

スタッフ「そうですねえ。まさしさん、誕生から、人生みたいなもんすかねえ」

さだ「その通りだよ。でも、持っている薪《まき》の量で、長く燃やせるか、燃やせないかも変わってくるんだよね。燃やし方の違いだってある。いっぺんに大きく燃やすか、ちびちびと燃やし続けるかでも違うもんな」

スタッフ「持ち物って、同じ量持ってんすかねぇ。みんな、それぞれ……」

さだ「もちろん、生まれつきたくさん持っている人も、苦労して集めた人も、集め方を知らずに過ごしてしまう人も、それぞれだと思うんだ」

スタッフ「まっさん、まだビールでいいですか？」

さだ「うん。でも、まだあったっけ？」

スタッフ「あるはずですよ、三リットルの手のつけてないのが一本」

さだ「でもさあ、こうしてずっと燃やしてるとさあ、たま〜に、イイカタチの炎が上がってる時があるでしょ」

スタッフ「あるある。妙にイイカタチのねっ」

さだ「俺さあ、仕事ってそういうもんだと思うんだよ。こうしてずっと薪をくべ続けて、いずれ、こうしていけばイイカタチが出てくる、ていうのを身体で理解していないと、絶対に我慢できないんだよね」

スタッフ「火種を消さないのと」
さだ「火種をぜったいに消さないってのが一番。おそらく偶然が第二だね」
スタッフ「そりゃそうかもしんない。すべてにおいて」
さだ「くべれば燃えるってもんじゃないしなあ」
スタッフ「ただ燃やすだけでも面白くないですよね。どんなカタチでもいいってもんじゃないっすよね」
さだ「本当だよなあ。いいか、今、ほれ、イイカタチになりそうだぞ」
スタッフ「でも崩れちゃったりして」
さだ「それ！　それなんだよ、そこが人生の楽しさなんだよ、な。オオ、田村、大丈夫か、あまり火に近づきすぎると、具合悪くするぞ……。ま、でも常に、理想のカタチを追求してくってのが、人生のやり方だな。昔はよかったなんてもの、昔の、ある時点のイイカタチと比べているだけで、イイカタチばかりのわけなんかないんだから。常に次のイイカタチを作っていかなきゃいけないんだよなあ。そしてそもそも、なかった火だからね、色即《しきそく》是空《ぜくう》みたいなもんだ」

スタッフ「僕ら、スタッフにとっても、コンサートもキャンプもいっしょですけれど、たった一日のために、もっと言うと、ある一瞬のために、遠くから荷物を抱えてやってきて、汗ながして会場を作りあげて、またそれをバラして。僕らが来る前も、去った後も、その空間には何もないんですよねえ。でも、そこにあったコンサートも、キャンプでの思い出も、在《あ》ったことに変わりないんですよね」

さだ「それだよね。俺たちは燃やし続けなきゃならないんだよ。そのためには燃やす材料を持ってなきゃいけないんだよ。薪がなくなる前に、山に入ったりね、ナタを振ったりね」

スタッフ「そうすねえ！」

さだ「何だか酔っ払ってきたなあ。訳わからないような深いような、よくわかんない話になってきたなあ、まあいいか。あっ、崩れた！」

スタッフ「言った通り（笑）」

さだ「ここから考え方一つなんだよ。これを持ち直そうとするか、崩れたのを利用して新しいカタチを作ろうとするかね。いずれにしても同じカタチはありえないけどさ。酔ったついでにもう一つ言うとさ、こうやって燃えさかっている火はいい気なもんだけどさ、風下にいるやつは迷惑なもんだよ。なあ、田村」

田村「けむいっす」

さだ「なあ、わがままなもんだよ。価値観と立場の違いだよな」

スタッフ「まずいな、焚き火一つで、すっげえこと考えちったすよね」

さだ「あ、星が出てるぞぉ。雲が切れたな」

スタッフ「星まで出ちまいやがったか」

スタッフ「月ものぼってきたよ！　あの山の肩の方」

さだ「なんだかいいなあ」

スタッフ「いいっすねえ」

元気と勇気は使えば増える、分ければ増える

さだまさしコンサートはトークが長いことで有名です。実際にコンサートの半分以上はトークであったりします。抱腹絶倒なネタから、涙があふれるような切ない話と、変幻自在に繰り出されるトークを目当てにいらっしゃるお客さまが多いのも事実。

さださんはあまりにも「トーク、トーク、トーク」と言われるので、関西の会場で、「今日はしゃべりませんから」と数曲続けて歌ったらば、客席の男性から、「まっさん、もう歌ええで」と突っ込まれたのは有名な話です。

そんな冗談めいたやりとりもありつつ、さだまさしコンサートは音楽とトークで織りなされる独自のエンターテインメントだということはみな理解しています。それがさだまさしコンサートの圧倒的な魅力であり、誰もが成しえない四六〇一回(二〇二三年九月末)もの単独コンサートがずっと満席で続いてきた理由でもあります。

コンサートが終わる頃には、会場にいた全員が、いくつものオムニバス映画の共演者のような気持ちになっています。同じ物語を共有して、笑い、涙して、会場を包む大きな拍手とステージで手を振るさださんに応援されながら、それぞれの家路に帰る。

「明日からも頑張れる」

さだまさしコンサートの感想で、一番多い言葉ではないでしょうか。

コンサートの最後に、いつもさださんが言う言葉があります。

「またお会いする日まで、どうぞ元気で！　お過ごしください」

とてもシンプルな言葉ではありますが、

「元気で！」

に、本当に力を入れて話されます。私はスタッフ時代に、ステージ袖で何度もそのシーンを見ていましたが、そのメッセージの強さにいつも心を熱くしていました。

『さだまさしは、全国各地に、元気を配って歩いている』

そんな実感をしました。

それこそ、私がさださんと過ごしたその時代は、さださん自身が逆境で一番大変な時代。さださん自身が元気をもらいたい時代のはずでした。その人が全国をまわって元気を配って歩いている。

さださんはコンサートのラストに、こんな言葉もよく使われます。

「元気と勇気は使えば増える！」

元気や勇気は、使えば使うほど、あとから湧き出すように増えるものなんだよと、さださんは身をもって教えてくれていたのだと思います。

元気や勇気を出し惜しみしても、実は元気も勇気もしまっておけない。それどころか、使わなければ目減りしてしまいます。ところが、元気や勇気を絞り出すのは大変だけれど、使い始めれば後から後から生まれてくる。どんどん増えていく。キャンプ場の夜の焚き火のように、まずは火を灯すこと。そして燃やし続けること。さださんに教わった大切な言葉の一つです。

新型コロナウイルス感染症が広がり始めた二〇二〇年の春先。私は静まりかえっていく街、広がっていく不安で、つらい思いをする人たちに少しでも元気を届けたいと、ほめ達仲間二人と毎週金曜日の夜にＳＮＳでライブ番組を始めました。ほとんどＮＨ

Kの『生さだ』や、昔、私が制作担当していた文化放送の『さだまさしのセイ！ヤング』のパクリです。タレントでもない私たちが突然始めたライブにもかかわらず、ライブで五千再生とか二万リーチという驚く数字になりました。

その番組で毎回、私たちが使った言葉が、まさに、

「元気と勇気は使えば増える」

です。また、さらにこの状況だからこそ、みんなで元気や勇気を分け合おうと、

「元気と勇気は分ければ増える」

と付け加えさせてもらいました。

「元気と勇気は使えば増える。元気と勇気は分ければ増える」

まずは自分で元気や勇気を使ってみる。もし、自分で元気や勇気を使えずにいる人がいたならば、さださんほどではなくても、手のひらサイズの元気や勇気でも分けていく。もし自分に元気や勇気が足りないならば、誰かから分けてもらう。新しい生活様式の中でも、また、当たり前な毎日を生きていく中でも、一番大切なことではないでしょうか。

あとがきに代えて～大変な今も、大切な今

この夏、数十年ぶりに、長崎の詩島《うたじま》に行きました。

大村湾に浮かぶこの島は、さださんが関白宣言の大ヒットなどで絶好調の頃に買った無人島です。

まさにひょうたん島のこの島は二〇〇〇坪。当時の価格で二〇〇〇万円だったというので坪一万円です。都会に家を買うよりも安いわけですから、東京では借家暮らしだったさださんは、この海の上にロマンを買ったのだと思います。そのあたりがいかにもさだまさしらしさと言えるでしょう。

この島にさださんが初上陸する時には、高三だった私もご一緒させてもらい、翌年に島の小高い場所に小さな神社を建てて遷座祭《せんざさい》を行なった際には、私もお手伝いもさせてもらいました。

島の木立や海風や船着場に寄せる波の音はあの頃と何も変わらず。桟橋に立つ私はさすがにずいぶん年を重ねたものの、心はあの頃とさして変わらず。さださんと過ご

したほぼ半世紀という時の流れが、不思議なものに思えました。
また同時に、あの頃のん気な学生だった私が、こうしてさだささんの本を書かせても
らっていることのありがたさも、あの夏の日と変わらない海を見ながら深く感じます。

実は私がこの本を書きはじめたのは、コロナ禍の最中の二年ほど前。その頃の私は
ほめ達が専業でした。

いったん原稿は書き上げたものの、さあ、青春出版社さんでゲラ（校正紙）にして
もらって、推敲《すいこう》しようという頃、さださんから私に電話がありました。
「来年デビュー五〇周年になるから、松本、いろいろ手伝ってくれないか？」
さだまさしさんは一九七三年に、グレープとしてレコードデビューをしました。
翌年には『精霊流し』が大ヒットし、その後ずっと現役で活躍し続け、今年
二〇二三年がデビュー五〇周年になります。

高校時代からずっとお世話になったさださん。ましてや私がお伝えして歩いている
ほめ達の根っこを教えてくれたのもさださん、私に人生の歩み方を教えてくれたのも

さださん。当然、二つ返事で、

「よろこんで！」

となります。そして私はほめ達をお伝えしながら、さださんのお手伝いも徐々に始めるようになり、「さだまさし50周年記念祭　総代」という不思議な名刺までもらいました。

となると、この本が宙に浮きます。この本は私が、さださんと近い間柄ではありながら、一歩離れたところから「さだまさし」を語るというスタンス。さださんの仕事の内部に入ってしまっては、立場が違うので書き振りも変わろうというもの。そこで、青春出版社さんには、ちょっとお待ちくださいと無理をお願いしておりました。少し中途半端なかたちで、この一年少々を過ごしておりましたが、いよいよ五〇周年になろうという今年の年明け、中途半端が中途半端ではなくなります。

「松本、いっそ、オレの仕事、任せていい？」

という、驚きの依頼。

これまでさださんの個人事務所、株式会社まさしの代表だったさださんの同級生が、年も年なので若手に譲って引退したいとのこと。若手と言っても、さて、誰がいる？となり、これまた私が昔、制作マネージャーだった頃と同じ会話が出てきたようです。

「あっ、松本でいいじゃん」

「松本にさせよう」

「松本、何やってんだ？」

いまだに「なんでも屋」「便利屋」「遊撃手」な立場なのかもしれませんが、そうやって思っていただけるだけでも光栄なお話です。

とは言え、さすがに私も私でほめ達を伝えて全国を飛び回っている中、さださんも相当気を使いながら、時間をかけて話をしてくれました。

「俺もあと十年くらいはやっていけると思う」

先の章でもお伝えした「さだまさしの利用価値」に自ら気づいたさださん。十分に実績を残したからとか、疲れたからと、おいそれと退くのではなく、誰かにとって、まだ価値のある自分なら、最後まで自分を使い切ろうと考えているのでしょう。

「十年もたないこともある。だけど十年はできそうに思う。まずは十年を目指して行って、十年たったら、またそこで考える」

良い想像も、悪い想像も、両手に持つさださん。

「だから、まず、あと十年。手伝ってくれないか」

回答を考える時間も必要ありませんでした。

この四月から、再び私はさださんのマネージャーとなり、日本ほめる達人協会では専務理事を降りて、顧問とさせてもらいました。ほめ達もスケジュールを縫ってお伝えしつつ、基本、さださんのこれからの十年のお手伝いをしてまいります。

となってますますこの本の原稿が宙に浮きました。さだのマネージャーが、「さださん」「さださん」ってほめる本ってどうよ？　となります。

ただここへ来ていただいた青春出版社さんや周りの言葉で、やはりほぼそのまま世に出そうと決めました。

「松本さん、だってこれ、ぜんぶ事実ですし」

「さださんとくっついたり離れたりしてきた松本さんだからの原稿じゃないですか？」

「松本さんしか知らないさだまさしだし、ひょっとして、さだまさしも知らないさだまさしかもしれない」

「松本さんのほめ達を支えるさだまさんの言葉、伝えてもいいんじゃないですか？」

確かにそうですね。嬉しいお言葉をありがとうございます。そして、もし、私が拾い集めたさだまさんの言葉が、どなたかのお役に立つのであればと。

（そんなこんなで、今では身内であり、言わば自社の商品である「さだまさし」を、この本の中では「さだまさん」と呼ばせてもらっています）

昨年（二〇二二年）来、さだまさし五〇周年のイベントがたくさんあります。テレビでもさだまさんを見る機会も多いと思います。

もちろんこれは、私がこの数カ月で仕込んだものなどではまったくなく、さだまさんや以前からのスタッフの皆さんが作り上げたもの。

この六月から夏にかけて、東京・名古屋・大阪で、それぞれ四日間ずつのコンサートもありました。四日間と言っても、同じ内容を四日間ではなく、毎日違うバンド編成での四日間。

第一夜は、さだださんがデビューした当時のグレープの二人。ギターの吉田政美さんとグレープの名曲を演奏しました。

第二夜は、通常バンドでもある「さだ工務店」とともに、いわゆるヒットパレード。

第三夜は、トランペットやトロンボーンなど、ブラスセクションを入れて、さだまさしの中でもジャジーな曲やブラスロック的な煌《きら》びやかな夜。

第四夜は、ヴァイオリン、ビオラ、チェロ、コントラバスなどストリングスとともに、壮大なバラードやクラシカルな曲、またナイーブな曲調を。

さだまさしさんがこれまでに発表してきたオリジナル曲は、六〇〇曲を超えます。当然、何年も演奏したことのない曲や、そもそもライブで演奏したことのない曲もあり、今回はそんな曲もセットリストに入っていました。実はさださんにとっても、バンドメンバーやスタッフにとっても、この四日間のコンサートは、五〇周年のメモリアルと言うよりは、相当なチャレンジでした。

当のさださんも、このコンサートの二週間前から禁酒までして（酒好きなのに）、喉を整え、全力で立ち向かっていました。ストレスレベルも相当高かったように、そばにいて思います。

そんなさださんや、バンドメンバー、スタッフの皆さんのおかげで、お客さまにとってはこの上なくスペシャルな、上質でいて、楽しく、深い感動と、強い記憶の残るものになったと思います。

自分で高いハードルを用意して、それに挑み続ける。

さだまさしの五〇周年が、みごとに表現された四日間でした。

八月一日、東京国際フォーラムでの第三夜が終わり、いよいよ翌日の第四夜ですべての日程が終わる夜。さださんは自身のスレッズで、こんな呟きを。

あと一日かあ。

こんなに疲れるのに、寂しい。

もいっぺんやりたいなあ。最初から。

もうちょっと上手くできるかなぁ。

五〇〇〇人のお客様へ感謝、感謝、感謝。

（ちなみにこの公式スレッズ、本人がこっそり始めました）


「こんなに疲れる」という言葉、まさに本音。ステージで元気なさださんが言う「疲れる」なんて、常人からしたら大したことないんじゃ？　なんてことはなく、本気でへとへとになるレベルですし、私などのような凡人ならば倒れているレベルと言えるでしょう。


そして、「もうちょっと上手くできるかなぁ」。

これもまさしく、さだまさしの生き様を表した言葉だと思います。

昨日よりもっと上手くなりたい。明日はもうちょっとでも上手くなりたい。

それを繰り返してきた、五十年、いや、一生だったのでしょうし、さらにこれから十年もまた、その繰り返しなのでしょう。

そしてこの言葉、私にはもう一つ強いメッセージをくれました。
これは私がそう受け止めただけかもしれませんが。
この言葉、きっと人生の終わりに、誰もが口にする言葉なのではないかと。

「あと一日かぁ」

そんなふうに思う日が、誰にもきっとやってきます。

「こんなに疲れるのに、寂しい」

人生には疲れることがいっぱい。けれど、それを踏み締めて歩くのも人生。だから疲れることも終わってしまうのは、きっと寂しい。

「もいっぺんやりたいなあ。最初から」

きっとそう思うでしょうね。

「もうちょっと上手くできるかなぁ」

だから、もういっぺんできるうちに、今日を今を、明日を、頑張る。

明日はもうちょっと上手くできるように。

さださんは、身をもって、私たちに伝え続けてくれているのだと思います。

松本秀男

松本秀男との不思議なドラマ

さだまさし

長崎市内、大村湾に浮かぶ詩島《うたじま》に太宰府天満宮から御分霊を戴《いただ》いて「詩島天満宮」を勧請《かんじょう》したのは四三年前のことで、その御遷座祭《ごせんざさい》の折、松本秀男は恩師安本衛と共にご神体を御旅所から本殿へ遷す際の「絹垣《きぬがき》」の一人を務めてくれた。

その頃彼はまだ高校生だったろうか、大学生になっていただろうか。

國學院高校落語研究会の九年後輩であった松本と仲良くなったのは彼が一年生の時だった。それから「日本の秘境を訪ねる会」と称し、夏休みになると日本中を一緒に旅した。

大学を出た松本はそのまま僕の事務所さだ企画に入社し、一頃《ひところ》は僕のマネージャーも経験した。

その後、彼はさだ企画を辞め実家の手伝いをした後、一流企業に就職した。

その間も付き合いはずっと続くうち、今年になって僕の個人事務所の事情から「舞い戻って」貰《もら》うことになって今日に至る。

尤《もっと》も昔とは違い、彼も立派な人生を歩んできたから若い頃のような下働きのマネージャーではなく重役として来て貰った。

これから何年かかるか解《わか》らぬが、歌手「さだまさし」の晩年の闘いに付き合って貰おうというわけである。

しかし振り返ればこういう人間関係は珍しかろう。高校一年生が還暦を過ぎるまでの長い時間である。

ある意味で松本は僕と関わったお陰で人生を狂わされたと言えなくもないわけだが、肯定的に考えれば紆余曲折を経てようやく共に手を携えて歩む日を迎えたとも言えよう。

一人の男の人生に大きく関わった僕としてはせめて最後に松本が僕と関わって良かったと思ってくれるように生きようと思う。

人生は何が起きるか解らないが、こんなささやかなドラマもある。

日本音楽著作権協会
（出）許諾第２３０７６９９－３０１号

著者紹介

松本秀男　さだまさし50周年記念祭総代。（一社）日本ほめる達人協会顧問。1961年東京生まれ。國學院大學文学部卒業後、歌手さだまさし氏の制作担当マネージャー、家業のガソリンスタンド経営を経て、45歳で外資最大手の損害保険会社（AIG）の代理店研修生に。月収2,000円のどん底から「言葉を変える」ことでトップ営業へ。その後伝説のトレーナーとして部門実績を前年比130％に、さらに本社・経営企画部のマネージャーとなり社長賞を受賞するなど、数々の成果と感動エピソードを生み出し続けた。テレビ・ラジオなどメディア出演も多数。2023年4月より、株式会社まさしの代表取締役専務に就任し、さだまさしの片腕として活動中。著書に『できる大人は「ひと言」加える』『できる大人のことばの選び方』（ともに小社刊）などがある。

さだまさしから届《とど》いた
見《み》えない贈《おく》り物《もの》

2023年11月５日　第１刷
2023年11月30日　第２刷

著　　者　松《まつ》本《もと》秀《ひで》男《お》

発 行 者　小澤源太郎

責任編集　株式会社　プライム涌光
電話　編集部　03(3203)2850

発 行 所　株式会社　青春出版社
東京都新宿区若松町12番１号　〒162-0056
振替番号　00190-7-98602
電話　営業部　03(3207)1916

印刷　三松堂　　製本　フォーネット社

万一、落丁、乱丁がありました節は、お取りかえします。
ISBN978-4-413-23327-9 C0095